NGINX Cookbook

NGINX 쿡북 3판

| 표지 설명 |

표지 동물은 스라소니Eurasian lynx(학명: *Lynx lynx*)입니다. 스라소니속에서 가장 큰 종으로, 서유럽에서 중앙아시아에 이르는 광범위한 지역에서 발견됩니다. 이 야생 고양이는 귀 위에 검은 털이 수직으로 솟아 있으며 얼굴은 거칠고 긴 털로 덮여 있습니다. 몸털은 황회색과 회갈색이며 아랫배는 흰색을 띱니다. 온몸에 어두운 반점이 있는데 북쪽 지역에 서식하는 종은 남쪽에 서식하는 종보다 회색빛이 덜하고 반점이 적습니다. 다른 종과 달리 스라소니는 야생 사슴, 무스, 양처럼 덩치가 큰 유제류(발굽동물)를 잡아먹습니다. 다 자란 개체는 하루에 0.9~2.3 kg의 고기를 섭취하며 최대 일주일 동안 한 가지 먹이를 먹습니다. 스라소니는 20세기 중반에 멸종에 가까워졌지만, 이후에 보존을 위한 노력으로 관심대상종이 되었습니다. 오라일리 책 표지에 있는 동물 중 다수는 멸종 위기에 처해 있습니다. 동물들 모두는 세상에 중요합니다. 표지 그림은 캐런 몽고메리Karen Montgomery가 조지 쇼George Shaw의 『General Zoology』의 흑백 판화를 바탕으로 그렸습니다.

NGINX 쿡북(3판)

106가지 레시피로 배우는 고성능 부하분산, 보안, 서버 배포와 관리

초판 1쇄 발행 2021년 06월 01일
2판 1쇄 발행 2022년 12월 20일
3판 1쇄 발행 2024년 07월 22일

지은이 데릭 디용기 / **옮긴이** 노승헌 / **펴낸이** 전태호
펴낸곳 한빛미디어(주) / **주소** 서울시 서대문구 연희로2길 62 한빛미디어(주) IT출판2부
전화 02-325-5544 / **팩스** 02-336-7124
등록 1999년 6월 24일 제25100-2017-000058호 / **ISBN** 979-11-6921-270-0 93000

총괄 송경석 / **책임편집** 박지영 / **기획 · 편집** 안정민
디자인 표지 윤혜원 내지 최연희 / **전산편집** 도담북스
영업 김형진, 장경환, 조유미 / **마케팅** 박상용, 한종진, 이행은, 김선아, 고광일, 성화정, 김한솔 / **제작** 박성우, 김정우

이 책에 대한 의견이나 오탈자 및 잘못된 내용은 출판사 홈페이지나 아래 이메일로 알려주십시오.
파본은 구매처에서 교환하실 수 있습니다. 책값은 뒤표지에 표시되어 있습니다.
한빛미디어 홈페이지 www.hanbit.co.kr / 이메일 ask@hanbit.co.kr

지금 하지 않으면 할 수 없는 일이 있습니다.
책으로 펴내고 싶은 아이디어나 원고를 메일(writer@hanbit.co.kr)로 보내주세요.
한빛미디어(주)는 여러분의 소중한 경험과 지식을 기다리고 있습니다.

NGINX Cookbook

NGINX 쿡북 3판

O'REILLY® 한빛미디어 Hanbit Media, Inc.

지은이 **데릭 디옹기** Derek Dejonghe

평생 기술에 대한 열정을 가져온 리눅스/유닉스 기반 시스템 및 웹 애플리케이션 전문가. 웹 개발, 시스템 관리 및 네트워킹 경험을 통해 현대 웹 아키텍처에 대한 포괄적인 지식을 쌓았습니다. 사이트 안정성 및 클라우드 솔루션 엔지니어 팀의 리더로서 수많은 애플리케이션의 자가 치유 및 자동 확장 인프라를 생산합니다. 고가용성 애플리케이션을 설계, 구축, 유지 관리하며 클라우드를 막 도입하는 대규모 기업을 컨설팅하기도 합니다. 데릭과 그의 팀은 기술 파도의 최전선에서 매일 클라우드 모범 사례를 엔지니어링합니다. 탄력적인 클라우드 아키텍처에 대한 입증된 실적을 바탕으로 고객에게 가장 이익이 되는 보안 및 유지 관리를 위한 클라우드 배포를 개척하고 있습니다.

옮긴이 **노승헌** ds1dbx@gmail.com

눈물 없이 볼 수 없는 한 편의 뮤직비디오 같은 인생을 만드느라 바쁜 센티멘털리스트. 삼성네트웍스, SK텔레콤, 아카마이 코리아를 거치면서 개발자, 프로젝트 매니저, 제품 오너, 솔루션 아키텍트 등 다양한 영역에서 자신을 시험해 보고 있습니다. 현재는 라인플러스 Enablement Engineering 팀에서 LINE의 다양한 서비스가 쾌적한 사용자 경험을 제공할 수 있도록 이슈를 관찰하고 문제를 해결하는 역할을 수행하고 있습니다. 집필한 도서로 『나는 LINE 개발자입니다』(한빛미디어, 2019, 공저), 『슬랙으로 협업하기』(위키북스, 2017), 『소셜 네트워크로 세상을 바꾼 사람들』(길벗, 2013), 번역한 도서는 『데브옵스 엔지니어를 위한 실전 관찰 가능성 엔지니어링』(한빛미디어, 2024), 『관찰 가능성 엔지니어링』(한빛미디어, 2023) 등이 있습니다.

서비스를 만들고 운영하고 성장시키는 일은 무척 흥미롭습니다. 하지만 이 과정에서 늘어나는 트래픽을 감당하고 소중한 사용자 정보를 효과적으로 보호하면서도 원하는 정보를 빠르게 제공하기는 생각보다 복잡하고 어려울 수 있습니다.

2004년 처음 발표된 엔진엑스는 웹 서버 시장 점유율 30% 이상을 차지하는 주류 소프트웨어가 된 지 오래입니다.[1] 길지 않은 기간에 엔진엑스가 빠르게 성장한 데에는 여러 이유가 있겠지만 무엇보다 쉬운 설치 및 사용법과 고성능 트래픽 처리 기능 덕분일 겁니다.

엔진엑스는 지속적으로 기능이 추가되며 강화되고 있습니다. 단순한 프록시 서버 역할을 넘어서서 고성능 로드 밸런서나 사용자 접점에서의 보안 계층으로 동작하는 데에도 손색이 없습니다. 콘텐츠 캐싱을 통해 원본 서버가 감당할 부하를 효과적으로 줄인다는 점 또한 엔진엑스를 사용할 때 얻는 큰 장점입니다.

이 책은 풍부한 설정 레시피를 통해 엔진엑스의 다양한 기능을 설정 및 사용하는 방법을 소개하고 활용법을 알려줍니다. 책을 통해 실무에서 활용 가능한 팁과 더불어 엔진엑스 설정과 운영에 대한 자신감을 얻어갈 수 있을 겁니다. 추가로 개정판에서는 엔진엑스 인스턴스 매니저를 활용해 다수의 엔진엑스를 효율적으로 관리하는 방법을 새롭게 소개하고 있어 운영 업무에 많은 도움이 될 겁니다.

IT 업계에는 매일 새로운 기술이 등장합니다. 하루가 다르게 변화하는 기술을 빠르게 따라잡는 일은 결코 쉽지 않습니다. 이러한 변화의 흐름 속에서도 변하지 않는 기본기가 중요합니다. 엔진엑스도 마찬가지입니다. 기본적인 사용법을 중심으로, 새롭게 변화한 업계의 기술을 반영한 변경 사항들을 이 책을 통해 독자 여러분들이 빠르게 익힐 수 있기를 기대합니다!

2024년 7월

노승헌

1 *https://w3techs.com/technologies/details/ws-nginx*

이 책은 엔진엑스 애플리케이션을 사용자에게 전달하는 과정에서 발생하는 문제 상황을 쉬운 예시를 통해 보여줍니다. 다양한 레시피를 통해 엔진엑스가 제공하는 기능을 살펴보고 각 기능을 어떻게 사용하는지 배웁니다. 책이 담고 있는 폭넓은 내용은 엔진엑스가 제공하는 기능을 거의 모두 다룬다고 봐도 무방합니다.

초반부에서는 엔진엑스를 처음 접하는 사용자를 위해 엔진엑스와 엔진엑스 플러스 설치법을 다룬 뒤 기본 사용법을 하나씩 설명합니다. 이어서 엔진엑스를 이용한 다양한 형태의 부하분산, 트래픽 관리, 캐싱, 자동화를 알아봅니다.

6장 '인증'에서는 기본적이면서 중요한 내용을 다룹니다. 엔진엑스는 애플리케이션으로 웹 트래픽을 전달하는 최초 접점이자 웹 공격과 취약점에 대한 애플리케이션 계층 보안의 최전선이기 때문입니다.

이후 여러 장에 걸쳐 최신 기술인 HTTP/3, 미디어 스트리밍, 클라우드, SAML 인증, 컨테이너 환경을 엔진엑스에서 활용하는 방법을 살펴보고 전형적인 운영 업무와 관련된 모니터링, 디버깅, 성능, 운영 팁을 알아봅니다.

필자는 엔진엑스를 다양한 목적으로 사용합니다. 책을 읽고 나면 여러분도 엔진엑스를 여러 상황에 맞게 사용할 수 있을 겁니다. 엔진엑스는 신뢰할 수 있을 뿐 아니라 즐겁게 사용할 수 있는 소프트웨어입니다. 책에 정리한 지식을 함께 나누게 되어 무척 기쁘게 생각합니다. 실제 업무 환경에서 직면하는 많은 문제에 책에서 소개하는 다양한 레시피를 적용해 보길 바랍니다.

CONTENTS

CHAPTER 5 프로그래머빌리티와 자동화

CHAPTER 6 인증

CHAPTER 7 보안 제어

CHAPTER 12 고가용성 보장을 위한 설정

CHAPTER 13 고급 활동 모니터링

CHAPTER 14 디버깅과 트러블슈팅

CHAPTER 15 성능 튜닝

CHAPTER 1

엔진엑스 기초

1.0 소개

이 장에서는 엔진엑스NGINX 오픈 소스 버전과 엔진엑스 플러스NGINX Plus[1]를 시스템에 설치하고 기본 사용법을 익힙니다. 먼저 엔진엑스를 설치하고 기본 설정 파일이 어디에 생성되는지 알아본 후 관리를 위한 명령어를 배웁니다. 설치가 문제없이 완료됐는지 확인하고 기본 설정을 사용해 디폴트 서버default server로 요청을 보냅니다.

책에서 소개하는 일부 레시피는 엔진엑스 플러스 전용입니다. 엔진엑스 플러스의 무료 시험판은 엔진엑스 공식 웹사이트(*https://nginx.com*)에서 내려받을 수 있습니다.

1.1 데비안/우분투 리눅스 배포판에 설치하기

문제 엔진엑스 오픈 소스 버전을 데비안Debian이나 우분투Ubuntu 리눅스 배포판에 설치하기

해결 운영체제의 패키지 정보를 업데이트하고 엔진엑스 공식 패키지 저장소 설정을 도와줄 몇 가지 패키지를 설치합니다.

1 옮긴이_ 엔진엑스 사에서 제공하는 엔진엑스 상용 버전의 제품명.

```
$ apt update
$ apt install -y curl gnupg2 ca-certificates lsb-release debian-archive-keyring
```

엔진엑스 패키지 저장소의 서명키를 다운로드하고 저장합니다.

```
$ curl https://nginx.org/keys/nginx_signing.key | gpg --dearmor \
    | tee /usr/share/keyrings/nginx-archive-keyring.gpg >/dev/null
```

`lsb_release` 명령을 이용해 운영체제와 배포판 이름을 정의하는 변수를 선언하고 `apt` 소스 파일을 생성합니다.

```
$ OS=$(lsb_release -is | tr '[:upper:]' '[:lower:]')
$ RELEASE=$(lsb_release -cs)
$ echo "deb [signed-by=/usr/share/keyrings/nginx-archive-keyring.gpg] \
    http://nginx.org/packages/${OS} ${RELEASE} nginx" \
    | tee /etc/apt/sources.list.d/nginx.list
```

패키지 정보를 한 번 더 업데이트하고 엔진엑스를 설치합니다.

```
$ apt update
$ apt install -y nginx
$ systemctl enable nginx
$ nginx
```

논의 이 절에서 사용한 명령은 APT Advanced Package Tool 패키지 관리 시스템이 엔진엑스 공식 패키지 저장소를 활용하도록 합니다. 다운로드한 엔진엑스 GPG 패키지 서명키는 APT가 사용할 수 있도록 파일시스템에 저장했습니다. APT 시스템은 제공된 서명키를 이용해 저장소의 패키지를 검증할 수 있습니다. `lsb_release` 명령을 통해 운영체제와 운영체제의 버전명을 자동으로 파악하고 있으므로 어떤 데비안, 우분투 버전을 사용하든 본문의 명령을 사용할 수 있습니다. `apt update`는 APT 시스템이 정의된 패키지 저장소에 대한 패키지 목록을 갱신하도록 지시합니다. 패키지 목록이 갱신되면 엔진엑스 공식 패키지 저장소를 통해 오픈 소스 엔진엑스를 설치할 수 있습니다. 설치가 끝나면 마지막 명령으로 엔진엑스를 실행합니다.

1.2 레드햇/센트OS 리눅스 배포판에 설치하기

문제 엔진엑스 오픈 소스 버전을 레드햇 엔터프라이즈 리눅스RHEL, 오라클 리눅스Oracle Linux, 알마 리눅스AlmaLinux, 로키 리눅스Rocky Linux나 센트OSCentOS 배포판에 설치하기

해결 /etc/yum.repos.d/nginx.repo 파일을 생성하고 다음 내용을 입력합니다.

```
[nginx]
name=nginx repo
baseurl=http://nginx.org/packages/centos/$releasever/$basearch/
gpgcheck=0
enabled=1
```

경로에서 OS로 표기된 부분은 설치 대상 시스템의 리눅스 배포판에 따라 rhel이나 centos로 변경합니다. 그러고서, 다음 명령을 순서대로 입력해 엔진엑스를 설치하고 실행합니다.

```
$ yum -y install nginx
$ systemctl enable nginx
$ systemctl start nginx
$ firewall-cmd --permanent --zone=public --add-port=80/tcp
$ firewall-cmd --reload
```

논의 생성한 nginx.repo 파일은 레드햇 계열 리눅스 배포판의 패키지 관리자인 YUM이 엔진엑스의 공식 패키지 저장소를 활용하도록 합니다. yum 명령으로 오픈 소스 엔진엑스를 공식 패키지 저장소로부터 전송받아 설치하고, systemctl 명령으로 엔진엑스가 시스템 부팅 시 systemd를 통해 활성화되고 자동으로 시작되도록 합니다. 필요하다면 방화벽 설정 명령firewall-cmd을 이용해 HTTP의 기본 80 포트로 들어오는 TCP 프로토콜 요청을 엔진엑스가 수신하도록 지시합니다. 마지막 명령은 변경된 방화벽 정책이 적용되도록 리눅스 배포판의 방화벽을 리로드reload합니다.

1.3 엔진엑스 플러스 설치하기

문제 엔진엑스 플러스 설치하기

해결 설치 방법은 웹사이트(*https://oreil.ly/U97s8*)에서 제공됩니다. 페이지 중간에 위치한 드롭다운 메뉴를 눌러 운영체제 버전을 선택한 후 안내되는 설치 방법을 따릅니다. 설치 과정은 오픈 소스 엔진엑스를 설치할 때와 크게 다르지 않습니다. 다만 엔진엑스 플러스 저장소에 접근하기 위해 유료 사용자에게 제공되는 인증서를 설치해야 합니다.

논의 엔진엑스에서는 엔진엑스 플러스 설치 절차 안내 페이지를 지속적으로 업데이트해 최신 정보를 제공합니다. 설치 절차는 운영체제 종류와 버전에 따라 조금씩 다르지만, 공통적으로 엔진엑스 플러스 저장소에 접근하려면 엔진엑스 포털 페이지에서 인증서와 키를 획득해 설치 대상 시스템에 복사해야 합니다.

1.4 설치 상태 점검하기

문제 엔진엑스 설치 상태를 점검하고 버전 확인하기

해결 다음 명령으로 엔진엑스가 설치됐는지 점검하고 버전을 확인합니다.

```
$ nginx -v
nginx version: nginx/1.27.0
```

예시에서 알 수 있듯 명령에 대한 응답은 엔진엑스의 버전 정보[2]를 포함합니다. 리눅스를 기준으로, 설치된 엔진엑스가 동작하는지 확인하려면 다음 명령을 입력합니다.

```
$ ps -ef | grep nginx
root       1738     1  0  19:54 ?  00:00:00 nginx: master process
nginx      1739  1738  0  19:54 ?  00:00:00 nginx: worker process
```

2 옮긴이_ 버전 정보는 설치 시점에 따라 달라질 수 있습니다. 출간 시점 기준 1.27.0 버전까지 공개됐습니다.

리눅스의 ps 명령은 실행 중running인 프로세스 목록을 보여줍니다. 목록에서 특정 단어를 포함하는 결과를 검색하려면 파이프(¦)를 통해 grep 명령을 함께 사용합니다. 예시는 grep 명령으로 프로세스 목록에서 nginx를 포함하는 결과를 검색해 프로세스 두 개를 찾았습니다. 두 프로세스는 각각 master와 worker로 표기돼 있습니다. 엔진엑스가 정상적으로 실행 중이라면 항상 마스터master 프로세스가 한 개, 워커worker 프로세스가 한 개 이상 있습니다. 엔진엑스가 제대로 동작하려면 권한 상승이 필요하므로 마스터 프로세스가 기본적으로 root 권한으로 실행 중이라는 점을 주목합시다. 엔진엑스를 실행하는 명령은 1.5절에서 자세히 살펴봅니다. 데몬으로 실행하려면 init.d나 systemd를 이용해야 함을 기억해둡시다.

엔진엑스가 요청에 정상적으로 응답하는지 보려면 cur\l 명령이나 웹 브라우저를 이용해 엔진엑스가 설치된 시스템으로 요청을 보냅니다. 요청을 보낼 때는 해당 장비의 IP 주소나 호스트명을 이용합니다. 엔진엑스를 로컬 환경에 설치했다면 다음과 같이 localhost를 이용합니다.

```
$ curl localhost
```

문제가 없다면 기본 HTML 사이트인 엔진엑스 환영 페이지가 나타납니다.

논의 nginx 명령을 이용해 설치된 엔진엑스 버전과 모듈 목록을 확인할 수 있으며, 설정configuration을 시험하거나 마스터 프로세스에 신호signal[3]를 보내는 등 상호 작용을 할 수 있습니다. 엔진엑스가 요청을 처리하려면 프로세스가 실행 중이어야 합니다. ps 명령은 엔진엑스가 데몬으로 동작 중인지 혹은 포어그라운드foreground 프로세스로 동작 중인지 확인하는 확실한 방법입니다. 엔진엑스의 기본 설정은 80 포트로 접근하는 정적인 기본 HTTP 페이지를 제공합니다. 기본 페이지를 시험하려면 localhost로 HTTP 요청을 보냅시다. 시험 시에는 IP 주소 혹은 호스트명을 사용해야 합니다.

3 옮긴이_ 이벤트 발생 시 프로세스에 전달되는 작은 메시지.

1.5 주요 설정 파일, 디렉터리, 명령어

문제 엔진엑스 주요 디렉터리 구조와 명령어 이해하기

해결 다음의 설정 디렉터리와 파일 위치는 엔진엑스 컴파일 과정에 변경될 수 있기 때문에 설치된 엔진엑스별로 다양한 값을 가질 수 있습니다.

엔진엑스 주요 설정 파일과 디렉터리

`/etc/nginx/`

엔진엑스 서버가 사용하는 기본 설정이 저장된 루트 디렉터리입니다. 엔진엑스는 이곳에 저장된 설정 파일의 내용에 따라 동작합니다.

`/etc/nginx/nginx.conf`

엔진엑스의 기본 설정 파일로, 모든 설정에 대한 진입점입니다. 워커 프로세스 개수, 튜닝, 동적 모듈 적재와 같은 글로벌 설정 항목을 포함하며, 다른 엔진엑스 세부 설정 파일에 대한 참조를 지정합니다. 그뿐 아니라 이어서 설명할 디렉터리에 위치한 모든 설정 파일을 포함하는 최상위 `http` 블록을 갖고 있습니다.

`/etc/nginx/conf.d/`

기본 HTTP 서버 설정 파일을 포함합니다. 디렉터리 내 파일 중 이름이 `.conf`로 끝나는 파일은 앞서 언급한 `/etc/nginx/nginx.conf` 파일이 가진 최상위 `http` 블록에 포함됩니다. 이처럼 엔진엑스 설정은 `include` 구문을 활용해 구조화함으로써 각 설정 파일을 간결하게 유지하면 좋습니다. 몇몇 패키지 저장소에서 배포되는 엔진엑스는 설치 시 `conf.d` 디렉터리 대신 `site-enabled` 디렉터리가 있고, `symlink`를 통해 `site-available` 디렉터리에 저장된 설정 파일들이 연결돼 있을 수 있습니다. 하지만 이 방식은 더 이상 사용되지 않습니다.

`/var/log/nginx/`

엔진엑스의 로그가 저장되는 디렉터리로, `access.log`와 `error.log` 파일이 있습니다. 기본적으로 접근 로그 파일은 엔진엑스 서버가 수신한 개별 요청에 대한 로그를 저장하며, 오

류 로그 파일은 오류 발생 시 이벤트 내용을 저장합니다. 엔진엑스 설정을 통해 debug 모듈을 활성화했다면 디버그 정보도 오류 로그 파일에 기록됩니다.

엔진엑스 명령어

nginx -h

엔진엑스 도움말을 살펴봅니다.

nginx -v

엔진엑스 버전 정보를 확인합니다.

nginx -V

엔진엑스 버전 정보뿐 아니라 빌드 정보를 보여줍니다. 그리고 엔진엑스 바이너리에 포함된 모듈을 보여주는 설정 인숫값을 확인합니다.

nginx -t

엔진엑스 설정을 시험합니다.

nginx -T

엔진엑스 설정을 시험하고 결과를 화면에 보여줍니다. 기술 지원이 필요할 때 유용합니다.

nginx -s signal

-s 매개변수는 지정된 신호(stop, quit, reload, reopen)를 엔진엑스 마스터 프로세스에 전송합니다. stop은 엔진엑스 프로세스가 즉시 동작을 멈추게 하며 quit은 현재 진행 중인 요청을 모두 처리한 뒤 엔진엑스 프로세스를 종료[4]합니다. reload는 엔진엑스가 설정을 다시 읽어들이게 하며 reopen은 지정된 로그 파일을 다시 열도록 명령합니다.[5]

4 옮긴이_ 이러한 종료 방식을 'graceful shutdown'이라고 부릅니다.

5 옮긴이_ -s 매개변수는 네 가지 신호만 지원하지만 엔진엑스 프로세스 자체는 더 많은 신호를 처리할 수 있습니다. 자세한 내용은 *https://www.nginx.com/resources/wiki/start/topics/tutorials/commandline*을 참고하기 바랍니다.

논의 이제 주요 파일, 디렉터리, 명령어에 대한 이해를 바탕으로 엔진엑스를 사용할 준비가 됐습니다. 앞서 배운 지식을 활용해 엔진엑스 설정 파일을 변경한 뒤 nginx -t 명령으로 시험해봐도 좋습니다. 시험에 문제가 없다면 엔진엑스가 변경된 설정을 읽어들이도록 nginx -s reload 명령을 쓴다는 점도 기억합시다.

1.6 include 구문을 사용해 깔끔한 설정 만들기

문제 부피가 큰 설정 파일을 모듈화된 설정으로 논리적인 그룹을 만들어 정리하기

해결 include 지시자를 사용해 참조할 개별 설정 파일, 디렉터리 혹은 여러 파일 및 디렉터리에 대한 마스크를 지정하고 참조합니다.

```
http {
        include config.d/compression.conf;
        include sites-enabled/*.conf
}
```

include 지시자는 단일 매개변수를 사용합니다. 매개변수는 특정 파일을 가리키는 경로를 지정하거나 여러 설정 파일을 지정하기 위해 마스크mask를 사용합니다. include는 어떤 컨텍스트에서든 사용할 수 있습니다.

논의 include 구문을 사용해 엔진엑스 설정을 깔끔하고 간결하게 유지할 수 있습니다. 여러 설정 파일을 논리적으로 그룹화함으로써 엔진엑스 설정 파일이 수백 줄의 거대한 내용을 담게 되는 상황을 방지하고, 중복 사용되는 설정을 별도의 모듈화된 설정 파일로 만들어 여러 설정 혹은 설정의 여러 부분에서 참조하도록 합니다. 엔진엑스의 여러 패키지 배포판에 포함된 fastcgi_param 설정은 이러한 규칙에 따라 만들어진 좋은 사례입니다. 단일 엔진엑스 서버에서 다수의 FastCGI 가상 서버를 운영하는 경우, 각 FastCGI 서버가 동일한 설정을 중복해서 갖지 않고 별도로 모듈화된 설정을 참조해 사용합니다. 또 다른 설정 모듈화 예는 SSL 설정을 사용하는 경우입니다. 여러 서버를 운영하면서 비슷한 SSL 설정을 사용하는 경우, 공통 설정을 하나 만들고 필요할 때마다 include 지시자로 참조합니다. 설정을 논리적으로 그룹화하면 설

정 파일들을 깔끔하게 조직화해 운영할 수 있으며, 설정을 변경해야 할 때 모듈화된 설정만 변경함으로써 여러 설정에 변경을 동시에 반영할 수 있습니다. 이처럼 설정을 파일로 그룹화하고 include 구문을 통해 참조해 사용하는 방법은 시간을 많이 절약해줍니다.

1.7 정적 콘텐츠 서비스하기

문제 엔진엑스로 정적 콘텐츠 서비스하기

해결 엔진엑스 설치 시 /etc/nginx/conf.d/default.conf에 생성된 기본 HTTP 설정 파일을 다음 내용으로 변경합니다.

```
server {
        listen 80 default_server;
        server_name www.example.com;

        location / {
                root /usr/share/nginx/html;
                # alias /usr/share/nginx/html;
                index index.html index.htm;
        }
}
```

논의 이 설정은 HTTP 프로토콜과 80 포트를 이용해 /usr/share/nginx/html/ 경로에 저장된 정적 콘텐츠를 제공합니다. 설정의 첫 번째 행은 새로운 server 블록을 선언해 엔진엑스가 처리할 새로운 컨텍스트context를 정의합니다. 두 번째 행은 엔진엑스가 80 포트로 들어오는 요청을 수신하게 하고, 이 블록에 정의된 내용이 80 포트에 대한 기본 컨텍스트default context가 되도록 default_server 매개변수를 사용합니다. 예시에서는 listen 지시자가 단일 포트만 사용하지만 필요에 따라 포트를 범위로 지정할 수도 있습니다. server_name 지시자에는 서버가 처리할 호스트명hostname이나 도메인명을 지정합니다. 만약 설정이 default_server 매개변수를 통해 기본 컨텍스트로 지정되지 않았다면, 엔진엑스는 요청 호스트 헤더값이 server_name 지시자에 지정된 값과 같을 때만 server 블록에 지정된 내용을 수행합니다. 즉, 서버가 사용할 도메인이 정해지지 않았다면 예시와 같이 `default_server` 매개변수를 사용해 기본 컨텍스트를 정의하고 `server_name` 지시자를 생략할 수 있습니다.

`location` 블록은 URL의 경로를 기반으로 합니다. 경로나 도메인 뒤에 붙은 URL 문자열을 통합 자원 식별자 Uniform Resource Identifier (URI)라 부릅니다. 엔진엑스는 요청된 URI에 가장 적합한 `location` 블록을 찾습니다. `root` 지시자는 주어진 컨텍스트에서 콘텐츠를 제공할 때 서버의 어떤 경로에서 파일을 찾을지 알려줍니다. 엔진엑스는 `root` 지시자에 정의된 경로에 수신한 URI 값을 합쳐 요청된 파일을 찾습니다. `location` 지시자에 URI 접두어 prefix 를 사용했다면 이 값도 `root` 지시자에 지정한 값과 합쳐집니다. 이렇게 동작하지 않도록 하려면 `root` 지시자 대신 예시에서 주석 처리된 `alias` 지시자를 사용합니다. `location` 지시자는 다양한 표현식을 활용해 조건을 정의할 수 있으며 자세한 내용은 **'함께 보기'**의 첫 번째 공식 문서를 참조하기 바랍니다. 마지막으로 `index` 지시자는 URI에 더는 참고할 경로 정보가 없을 때 엔진엑스가 사용할 기본 파일 혹은 확인할 파일 목록을 알려줍니다.

함께 보기

- 엔진엑스 HTTP `location` 지시자 공식 문서: *https://oreil.ly/-TNyO*
- 엔진엑스의 요청 처리 과정: *https://oreil.ly/8gOTl*

CHAPTER 2

고성능 부하분산

2.0 소개

오늘날 인터넷 서비스의 사용자 경험은 높은 성능과 가용성이 필요합니다. 이를 위해 일반적으로 같은 시스템을 여러 대 운영하고 부하를 각 시스템으로 분산합니다. 그리고 부하가 지속적으로 증가할수록 동일한 시스템을 추가 투입합니다. 이러한 방식의 아키텍처 기술을 수평적인 확장horizontal scaling[1]이라고 합니다. 소프트웨어 기반 인프라는 유연함 덕에 인기가 높아지고 있으며 다양한 가능성을 열어줍니다. 소규모 시스템으로 부하를 분산해 고가용성을 보장하는 최소한의 인프라 구축부터 전 세계에 걸쳐 수천 대가 운영되는 대규모 시스템을 위한 부하분산까지, 소프트웨어 기반 인프라 시대에 걸맞은 유연한 부하분산 솔루션에 대한 수요가 증가하고 있습니다. 엔진엑스는 이러한 요구사항을 이 장에서 다룰 HTTP, TCP, UDP 프로토콜의 부하분산을 통해 충족합니다.

부하를 분산하는 과정에서 사용자 경험을 해치지 않아야 합니다. 많은 현대적인 웹 서비스 아키텍처는 상태 정보를 클라이언트나 서버에서 관리하지 않고 공유 메모리나 공용 데이터베이스에 저장하는 스테이트리스stateless 애플리케이션 계층을 채택합니다. 그러나 모든 웹 서비스가 이러한 방식을 따르지는 않습니다. 세션에 저장되는 값은 애플리케이션이 상호 작용을 하는 데 매우 중요하며 광범위하게 사용됩니다. 여러 이유로 세션 상탯값을 애플리케이션 서버의 로컬 환경에 저장하기도 합니다. 가령 세션에 저장되는 데이터가 방대한 경우, 데이터를 매번 공

1 옮긴이_ 여러 클라우드 사업자와 클라우드 공식 문서에서 이를 스케일 아웃scale out이라 표기하기도 합니다.

유 시스템과 주고받으면 네트워크에 부하를 일으키거나 성능 저하를 야기합니다. 이럴 때는 세션 정보를 공유 계층보다 서버의 로컬 환경에 저장하는 편이 낫습니다. 이렇듯 사용자의 상태 정보를 애플리케이션 서버의 로컬 환경에 저장하는 일이 종종 발생하므로 같은 사용자의 요청이 동일한 서버로 전달되도록 해야 합니다. 그리고 각 서버가 사용자의 세션 처리가 완료될 때까지 유지돼야 할 때도 세션 상태를 로컬에 저장합니다. 이렇듯 상태 유지가 필요한 대규모 애플리케이션을 다루려면 지능적인 부하분산 장치가 반드시 필요합니다. 엔진엑스는 쿠키값이나 라우팅을 추적해 문제를 해결하는 여러 방법을 제시합니다. 이 장에서는 엔진엑스를 활용해 부하를 분산하면서 세션을 유지하는 방법을 살펴봅니다.

엔진엑스가 사용자에게 제공하는 애플리케이션의 동작에는 문제가 없어야 합니다. 하지만 엔진엑스를 경유해 업스트림 서버[2]로 전달되는 요청은 여러 이유로 언제든 실패할 수 있습니다. 네트워크 연결이나 업스트림 서버에 문제가 있을 수도 있고 서버에서 운용 중인 애플리케이션에 문제가 발생해 요청이 제대로 처리되지 못할 수도 있습니다. 엔진엑스와 같은 프록시 혹은 로드 밸런서 서버는 업스트림 서버의 문제를 감지할 수 있어야 하며, 문제 발견 시 트래픽 전송을 중지할 수 있어야 합니다. 그렇지 않으면 사용자는 서버의 응답을 기다리다가 결국 타임아웃timeout 오류를 보게 됩니다. 업스트림 서버의 문제로 인한 서비스 품질 저하를 줄이는 방법으로, 프록시 서버와 로드 밸런서 서버가 업스트림 서버의 상태를 확인하도록 하는 방법이 있습니다. 엔진엑스는 두 가지 서버 상태 확인 방법을 제공합니다. 엔진엑스 오픈 소스 버전은 패시브passive 방식의 서버 상태 확인 기능을 제공하며, 엔진엑스 플러스는 추가로 액티브active 방식을 제공합니다. 액티브 방식은 로드 밸런서 장비가 스스로 업스트림 서버와 주기적으로 연결을 시도하거나 요청을 보내 서버 응답에 문제가 없는지 확인하는 방식입니다. 한편 패시브 방식은 사용자의 요청을 로드 밸런서가 받은 시점에 업스트림 서버와의 연결이나 응답을 확인하는 방식입니다. 업스트림 서버의 부하를 늘리지 않으면서 상태를 확인하려면 패시브 방식을 사용하는 편이 좋습니다. 한편 액티브 방식은 업스트림 서버의 상태를 사용자 요청을 받기 전에 미리 확인해야 할 때 유용합니다. 이 장 뒷부분에서는 부하분산 대상이 되는 업스트림 애플리케이션 서버의 상태를 모니터링하는 방법을 살펴봅니다.

2 옮긴이_ 로드 밸런서나 프록시 서버 뒤에 위치한 실제 서버 장비.

2.1 HTTP 부하분산

문제 부하를 두 대 이상의 HTTP 서버로 분산하기

해결 엔진엑스의 upstream 블록과 http 모듈을 이용해 HTTP 서버 간에 부하를 분산합니다.

```
upstream backend {
        server 10.10.12.45:80           weight=1;
        server app.example.com:80       weight=2;
        server spare.example.com:80     backup;
}
server {
        location / {
              proxy_pass http://backend;
        }
}
```

이 엔진엑스 설정은 80 포트를 사용하는 HTTP 서버 두 대로 부하를 분산합니다. 설정한 프라이머리primary 서버[3] 두 대에 문제가 발생해 연결이 불가능하면 backup으로 지정한 서버를 사용합니다. 옵션으로 지정한 weight 매개변숫값에 따라 두 번째 서버는 첫 번째 서버보다 두 배 많은 요청을 받습니다. weight의 기본값은 1이며 생략할 수 있습니다.

논의 HTTP upstream 모듈을 이용해 HTTP 프로토콜 요청에 대한 부하분산 방식을 정의합니다. 부하분산을 위한 목적지 풀pool[4]은 유닉스 소켓, IP 주소, 서버 호스트네임 혹은 이들의 조합으로 구성합니다. upstream 모델은 또한 개별 요청에 대해 어떤 업스트림 서버를 할당할지 매개변수로 정의합니다.

각 업스트림 대상은 server 지시자로 설정합니다. server 지시자는 업스트림 서버의 주소와 함께 몇 가지 추가 매개변수를 지정할 수 있습니다. 매개변수는 요청을 적절한 목적지로 전달하도록 추가 제어 방법을 제공합니다. 이러한 매개변수는 분산 알고리즘에 가중치를 적용하거나 서버가 어떤 상태인지 알려주며, 서버 가용 여부를 판단하는 방법 등을 포함합니다. 엔진엑스 플러스는 고급 매개변수를 제공해, 특정 서버로의 연결 수를 제한하거나, 고급 DNS 질의를

3 옮긴이_ server 지시자 두 개에 weight 매개변수로 가중치를 설정한 서버.

4 옮긴이_ 여러 대의 서버를 지칭하는 용어로, 서버 그룹 혹은 서버 팜farm이라고도 합니다.

제어하고 가동된 지 얼마 안 된 서버로는 연결이 천천히 늘어가도록 할 수 있습니다.

2.2 TCP 부하분산

문제 부하를 두 대 이상의 TCP 서버로 분산하기

해결 엔진엑스의 upstream 블록과 stream 모듈을 이용해 TCP 서버 간에 부하를 분산합니다.

```
stream {
	upstream mysql_read {
		server read1.example.com:3306 weight=5;
		server read2.example.com:3306;
		server 10.10.12.34:3306		backup;
	}
	server {
		listen 3306;
		proxy_pass mysql_read;
	}
}
```

이 엔진엑스 설정의 server 블록은 3306 포트로 TCP 요청을 받아 읽기 전용 복제본read replica 두 대로 구성된 MySQL 서버로 부하를 분산합니다. 만약 프라이머리로 지정한 MySQL 서버 두 대가 모두 다운되면 backup 매개변수로 지정한 서버로 요청을 전달합니다.

엔진엑스 설치 전후 특별히 설정을 바꾸지 않았다면 엔진엑스의 기본 설정 파일 경로인 conf.d 폴더는 http 블록에 포함됩니다. 따라서 stream 모듈을 이용한 이 설정은 stream.conf.d 라는 별도의 폴더를 생성해 저장하는 편이 좋습니다. 경로를 nginx.conf 파일의 stream 블록에 추가해 엔진엑스가 참조하도록 합니다. 다음 예시를 확인하기를 바랍니다.

/etc/nginx/nginx.conf 설정 파일

```
user nginx;
worker_processes auto;
pid /run/nginx.pid;
```

```
stream {
      include /etc/nginx/stream.conf.d/*.conf;
}
```

/etc/nginx/stream.conf.d/mysql_read.conf 설정 파일

```
upstream mysql_read {
      server read1.example.com:3306       weight=5;
      server read2.example.com:3306;
      server 10.10.12.34:3306             backup;
}

server {
      listen 3306;
      proxy_pass mysql_read;
}
```

논의 http와 stream의 가장 큰 차이점은 두 모듈이 OSI 모델의 서로 다른 계층에서 동작한다는 점입니다. http 컨텍스트는 OSI 모델의 7계층인 애플리케이션 계층application layer에서 동작하며 stream 컨텍스트는 4계층인 전송 계층transport layer에서 동작합니다. 그렇다고 stream 모듈이 (아무리 잘 만들어진 스크립트가 있더라도) 애플리케이션을 인지해 동작할 수 없음을 의미하지는 않습니다. 다만 http 모듈이 HTTP 프로토콜을 완전히 이해하도록 특별히 설계된 반면 stream 모듈은 패킷의 전달 경로 결정과 부하분산에 더 중점을 둔다는 정도로 이해하면 적당하겠습니다.

엔진엑스에서 TCP 부하분산은 stream 모듈을 이용해 정의합니다. http 모듈과 마찬가지로 stream 모듈도 업스트림 서버 풀을 만들거나 수신할 개별 서버를 지정합니다. 서버가 특정 포트로 요청을 받게 하려면 수신할 포트를 설정에 추가하거나 IP 주소와 함께 포트 번호를 기술합니다. 정의한 서버가 다른 서버로 요청을 전달하는 리버스 프록시 서버인지 혹은 일반적인 업스트림 풀에 포함된 서버인지에 관계없이 목적지 서버 목록에 정의합니다.

stream 모듈을 이용하는 경우 옵션을 통해 TCP 연결과 관계된 리버스 프록시의 여러 속성을 변경할 수 있습니다. 대표적인 속성으로는 유효한 SSL/TLS 인증서 제한, 타임아웃, 킵얼라이브keepalive 시간 설정 등이 있습니다. 일부 옵션은 엔진엑스 변수를 값으로 사용할 수 있는데, 다운로드 속도 제한이나 SSL/TLS 인증서 유효성 검사에서 사용할 이름이 지정된 변수 혹은 이

변수가 포함된 값을 옵션에 사용할 수 있습니다.

TCP 부하분산을 위한 업스트림 블록은 HTTP의 업스트림 블록과 매우 유사합니다. 목적지를 정의하는 데 유닉스 소켓, IP 주소, FQDN을 사용하며 가중치, 최대 동시 연결 수, DNS 리졸버resolver, 연결 증가 주기, 서버의 상태 매개변수 등을 사용합니다.

엔진엑스 플러스는 TCP 부하분산을 위한 기능을 보다 많이 제공합니다. 책 전반에 걸쳐 이러한 고급 기능을 설명하며, 각 부하분산 방식에서 서버 상태를 확인하는 방법은 **2.10 '능동적인 헬스 체크'**에서 다룹니다.

2.3 UDP 부하분산

문제 부하를 두 대 이상의 UDP 서버로 분산하기

해결 udp로 정의된 upstream 블록을 엔진엑스의 stream 모듈에서 사용해 UDP 서버 간에 부하를 분산합니다.

```
stream {
        upstream ntp {
                server ntp1.example.com:123 weight=2;
                server ntp2.example.com:123;
        }

        server {
                listen 123 udp;
                proxy_pass ntp;
        }
}
```

예시의 설정은 UDP 프로토콜을 사용해 네트워크 타임 프로토콜Network Time Protocol(NTP) 서버 두 대로 부하를 전달합니다. UDP 프로토콜의 부하분산 설정은 listen 지시자에 udp 매개변수만 추가하면 될 정도로 무척 간단합니다.

부하분산이 적용된 서비스에서 클라이언트와 서버가 패킷을 여러 번 주고받아야 한다면

reuseport 매개변수를 사용합니다. 부하분산이 적용된 서비스는 오픈VPN^OpenVPN, 음성 인터넷 프로토콜^Voice over Internet Protocol(VoIP), 가상 데스크톱 환경, DTLS^Datagram Transport Layer Security가 대표적입니다. 다음 예시는 엔진엑스를 통해 오픈VPN에 대한 연결을 관리하고 로컬 환경에서 동작 중인 오픈VPN으로 패킷을 전달해 주는 설정입니다.

```
stream {
        server {
                listen 1195 udp reuseport;
                proxy_pass 127.0.0.1:1194;
        }
}
```

논의 "DNS를 이용해 여러 개의 A 레코드 주소나 SRV 레코드를 갖고 있으면 로드 밸런서는 필요 없지 않나요?"라는 궁금증이 생길 수 있습니다. 로드 밸런서를 사용하는 이유는 부하분산을 위한 여러 대체 알고리즘을 사용할 수 있을 뿐 아니라, DNS 서버 자체의 부하도 분산할 수 있기 때문입니다. UDP는 DNS, NTP, QUIC, HTTP/3, VoIP처럼 네트워크 기반 시스템에서 사용하는 많은 서비스의 근간입니다. UDP 부하분산이 익숙하지 않은 독자도 있겠지만 이 기술은 많은 사용자를 대상으로 대량의 트래픽이 발생하는 서비스에서 무척 유용합니다.

UDP 부하분산은 TCP와 마찬가지로 stream 모듈을 통해 설정하며 그 방법도 매우 비슷합니다. 가장 큰 차이점은 listen 지시자를 통해 UDP 데이터그램^datagram을 처리할 소켓을 지정한다는 점입니다. 데이터그램을 다룰 때는 TCP 부하분산에서 사용하지 않는 지시자를 몇 가지 사용합니다. 대표적으로 엔진엑스가 업스트림 서버로부터 수신할 것으로 예상되는 응답의 크기를 지정하는 데 proxy_responses 지시자를 사용합니다. 이 지시자를 설정하지 않으면 proxy_timeout 지시자의 제한값이 되기 전까지 무제한으로 응답을 처리합니다. proxy_timeout은 연결을 닫기 전에 목적지 서버로의 읽기, 쓰기 작업 완료를 기다리는 시간을 지정하는 데 사용합니다.

reuseport 매개변수는 엔진엑스가 워커 프로세스별로 개별 수신 소켓을 만들어 사용하도록 합니다. 커널은 엔진엑스로 보내야 하는 연결들을 워커 프로세스 단위로 분산하며, 따라서 클라이언트와 서버가 주고받는 여러 패킷을 동시에 처리할 수 있습니다. reuseport는 리눅스 커널 3.9 이상 버전과 드래건플라이 BSD^DragonFly BSD, 프리 BSD^Free BSD 12 이상 버전에서만 사용할 수 있습니다.

2.4 부하분산 알고리즘

문제 서로 다른 특성을 갖는 작업이나 사양이 다른 서버로 구성된 서버 풀로 인해 라운드 로빈round robin 방식의 부하분산이 적합하지 않은 상황

해결 엔진엑스가 제공하는 다른 부하분산 알고리즘을 사용합니다. 연결이 적은 서버를 먼저 활용하는 리스트 커넥션least connection, 응답 속도가 빠른 서버를 우선 사용하는 리스트 타임least time, 특정 문자열 기반 해시를 활용하는 제네릭 해시generic hash, 임의 서버를 할당하는 랜덤random, IP 주소 기반 해시를 사용하는 IP 해시IP hash 등이 있습니다. 다음 예시는 부하분산에 사용할 알고리즘으로 리스트 커넥션을 지정하기 위해 `least_conn` 지시자를 사용합니다.

```
upstream backend {
        least_conn;
        server backend.example.com;
        server backend1.example.com;
}
```

제네릭 해시, 랜덤, 리스트 타임을 제외한 모든 부하분산 알고리즘은 리스트 커넥션 알고리즘과 마찬가지로 단독으로 사용합니다. `least_conn` 지시자에 추가해 사용할 수 있는 매개변수는 이어서 설명합니다.

이어지는 예시는 `$remote_addr` 변수를 활용하여 제네릭 해시 알고리즘을 사용합니다. 이 예시는 IP 해시와 기본적으로 동일한 라우팅 알고리즘을 제공합니다. 다만, IP 해시는 `http` 컨텍스트에서 동작하고 제네릭 해시는 `stream` 컨텍스트에서 동작한다는 차이점이 있습니다. 사용된 변수는 다른 변수로 바꿔 사용해도 무방하며, 더 많은 변수를 이용해 제네릭 해시 알고리즘의 분산 부하의 동작 방식을 바꿀 수 있습니다. 다음 예시는 클라이언트의 IP 주소를 제네릭 해시 알고리즘에 사용하도록 `upstream` 블록을 구성하고 있습니다.

```
upstream backend {
    hash $remote_addr;
    server backend.example.com;
    server backend1.example.com;
}
```

논의 모든 요청과 패킷의 가중치가 같지는 않습니다. 라운드 로빈이나 앞선 예시에서 본 가중치가 들어간 라운드 로빈 방식조차도 모든 애플리케이션이나 트래픽 흐름에 적합하지는 않습니다. 엔진엑스는 특정 사례에 맞는 다양한 부하분산 알고리즘을 제공합니다. 필요에 따라 알고리즘을 선택할 수 있을 뿐 아니라 알고리즘 동작의 세부 사항도 설정할 수 있습니다. 이 장에서 설명하는 부하분산 알고리즘은 HTTP, TCP, UDP 업스트림 풀에 사용할 수 있습니다만 예외적으로 IP 해시는 HTTP 업스트림 풀에 대해서만 사용할 수 있습니다.

라운드 로빈

기본값으로 설정된 부하분산 방법입니다. 업스트림 풀에 지정된 서버의 순서에 따라 요청을 분산합니다. 업스트림 서버의 가용량이 다양하다면 가중치를 적용한 라운드 로빈 방식도 설정할 수 있습니다. 가중치로 더 높은 정숫값이 지정된 서버는 더 많은 요청을 받습니다. 가중치는 단순히 가중치 평균의 통계적 확률에 따라 계산됩니다.

리스트 커넥션

엔진엑스와의 연결 수가 가장 적은 업스트림 서버로 요청을 전달해 부하를 분산합니다. 라운드 로빈과 마찬가지로 가중치를 기반으로 요청을 어떤 서버로 보낼지 계산합니다. 리스트 커넥션 알고리즘 지시자는 `least_conn`입니다.

리스트 타임

엔진엑스 플러스에서만 사용할 수 있는 방법입니다. 리스트 커넥션과 마찬가지로 연결 수가 가장 적은 업스트림 서버로 요청을 전달하지만, 그중 응답 시간이 가장 빠른 서버를 우선시한다는 차이가 있습니다. 가장 복잡한 부하분산 알고리즘으로, 높은 성능이 필요한 웹 애플리케이션에 적합합니다. 업스트림 서버가 처리하는 요청 수가 적다고 해서 늘 가장 빠른 응답 시간을 보장하지는 않으므로, 이 알고리즘은 리스트 커넥션 방식에 대한 일종의 부가 기능으로 생각할 수 있습니다. 리스트 타임 알고리즘을 사용할 때는 요청 처리 시간의 분산variance을 고려해야 합니다. 애초부터 처리 시간이 긴 요청이 있다면 요청 처리 시간 통계의 범위가 넓어지며, 처리 시간이 길어도 항상 서버 성능이 낮거나 과부하가 걸린 것은 아닙니다. 따라서 많은 처리가 필요한 요청은 부하분산 알고리즘을 고민하기 전에 비동기로 처리하는 편이 나을 수 있습니다. 리스트 타임 알고리즘을 사용할 때는 `header`나 `last_byte` 매개변수 중 하나를 지정합니다. header를 지정하면 업스트림 서버로부터 응답 헤더를 받을 때까지 소요된 시간을 사용하고, last_byte를 지정하면 헤더뿐 아니라 응답 전체를 받을 때까지 소요된 시간을 사용합니다. inflight 매개변수가 지정되었다면 완료되지 않은 요청도 계산에 포함됩니다. 알고리즘 지시자는 least_time입니다.

제네릭 해시

서버 운영자는 주어진 텍스트 문자열 혹은 요청이나 런타임의 변수(혹은 둘 다)를 사용해 해시를 정의합니다. 엔진엑스는 수신한 요청의 해시를 생성하고 업스트림 서버 선택에 활용해 부하를 분산합니다. 제네릭 해시는 요청을 처리할 서버를 선택하는 데 깊이 개입해야 할 때나 캐시가 있을 확률이 높은 서버로 요청을 전달하고 싶을 때 무척 유용합니다. 다만 서버가 업스트림 풀에서 추가되거나 삭제되면 해시 처리된 요청이 재분배된다는 점을 주의합시다. consistent 옵션 매개변수를 사용하면 재분배의 영향을 최소화할 수 있습니다. 알고리즘 지시자는 hash입니다.

랜덤

엔진엑스가 업스트림 풀에 지정된 서버를 임의로 선택해 요청을 전달하며 이때 업스트림 서버에 지정된 가중치를 고려합니다. 매개변수로 two [method]를 사용하면 먼저 서버 두 대를 임의로 선택하고 method에 지정된 알고리즘을 이용해 2차 부하분산을 합니다. method 값을 생략하면 기본 알고리즘은 least_conn으로 지정됩니다. 알고리즘 지시자는 random입니다.

IP 해시

HTTP에 대해서만 동작하는 방법으로, IP 주소를 이용해 해시를 생성합니다. 원격 변수를 사용하는 제네릭 해시와 달리 IPv4 주소 체계의 옥텟octet값 중 처음 세 값 혹은 IPv6 주소 전체를 해시에 사용합니다. 이 방식을 통해 사용자는 업스트림 서버에 문제가 없는 한 같은 서버로 할당됩니다. 이러한 동작 특성은 세션 상태가 중요하며, 이 정보가 애플리케이션의 공유 메모리를 통해 공유되지 않는 경우 유용합니다. 마찬가지로 weight 매개변수를 고려해 부하를 분산합니다. 알고리즘 지시자는 ip_hash입니다.

2.5 스티키 쿠키(엔진엑스 플러스)

문제 엔진엑스 플러스 환경에서 사용자가 특정 업스트림 서버를 사용하도록 고정하기

해결 sticky cookie 지시자를 사용해 엔진엑스 플러스가 쿠키를 생성하고 추적하게 합니다.

```
upstream backend {
        server backend1.example.com;
        server backend2.example.com;
        sticky cookie
               affinity
               expires=1h
               domain=.example.com
               httponly
               secure path=/;
}
```

이 설정은 사용자가 지속적으로 특정 업스트림 서버에 연결되도록 쿠키를 생성해 추적합니다. 예시에서 생성하는 쿠키의 이름은 affinity이며 example.com 도메인에서 사용할 수 있습니다. 쿠키는 1시간 후에 만료되며 HTTPS를 통해서만 주고받을 수 있습니다. 사용자 브라우저에서 쿠키를 조작하지 못하도록 httponly를 지정하고 도메인의 모든 하위 경로에 대해 유효하도록 path 값을 지정합니다.[5]

논의 sticky 지시자를 cookie 매개변수와 함께 사용하면 사용자의 첫 번째 요청 수신 시 업스트림 서버 정보를 포함하는 쿠키를 생성합니다. 엔진엑스 플러스는 쿠키를 추적해 이어지는 사용자 요청을 같은 서버로 전달합니다. cookie 매개변수의 첫 번째 항목은 쿠키 이름입니다. 다른 항목들은 쿠키에 대한 추가 제어 항목으로 만료 시간(expires), 도메인(domain), 경로(path), 사용자 측의 쿠키 사용 제한(secure)과 쿠키 전송을 위한 프로토콜(httponly)을 지정함으로써 쿠키 사용에 대한 정보를 브라우저에 제공합니다. 쿠키는 HTTP 프로토콜의 일부입니다. 따라서 sticky 지시자와 cookie 매개변수는 http 컨텍스트에서만 동작합니다.

5 옮긴이_ 쿠키에 대해 더 자세히 알고 싶다면 모질라(Mozilla) 개발자 페이지의 'HTTP 쿠키'를 참고하기 바랍니다(*https://developer.mozilla.org/ko/docs/Web/HTTP/Cookies*).

2.6 스티키 런(엔진엑스 플러스)

문제 엔진엑스 플러스 환경에서 사용자가 업스트림 애플리케이션으로부터 획득한 쿠키를 이용해 특정 업스트림 서버를 사용하도록 고정하기

해결 sticky learn 지시자로 업스트림 애플리케이션이 생성한 쿠키를 찾아내어 추적합니다.

```
upstream backend {
        server backend1.example.com:8080;
        server backend2.example.com:8081;

        sticky learn
               create=$upstream_cookie_cookiename
               lookup=$cookie_cookiename
               zone=client_sessions:1m;
}
```

업스트림 서버의 응답 헤더 중 Set-cookie 헤더에서 이름이 cookiename인 쿠키를 찾아 추적합니다. 이 값은 엔진엑스에 저장되고 사용자 요청 헤더에서 쿠키 이름이 같은 값이 확인되면 해당 세션을 가진 업스트림 서버로 요청을 전달합니다. 이러한 세션 고정session affinity 값은 1메가바이트 용량으로 생성된 공유 메모리 영역shared memory zone에 저장되며 여기에는 대략 4000개의 세션 정보를 저장할 수 있습니다. 세션 정보를 담고 있는 쿠키의 이름은 애플리케이션과 개발 환경에 따라 다릅니다. 예를 들어, 자바 애플리케이션에서는 기본 세션 쿠키 이름이 jsessionid이고 PHP 애플리케이션에서는 phpsessionid입니다.

논의 애플리케이션이 세션 상태를 위한 쿠키를 별도로 사용하고 있다면 엔진엑스 플러스는 쿠키를 따로 생성하지 않고 요청이나 응답에 포함된 쿠키 이름과 값을 찾아 추적할 수 있습니다. 이러한 방식을 사용하려면 sticky 지시자에 learn 매개변수를 지정합니다. 쿠키 추적을 위한 공유 메모리 영역은 zone 매개변수로 정의하며 이름과 크기를 지정합니다. create 매개변수에는 업스트림 서버의 응답 헤더에서 찾을 쿠키 이름을 지정하고, lookup 매개변수에 지정한 사용자 쿠키 이름으로 이전에 저장해둔 세션값이 있는지 확인합니다. 각 매개변수에서 사

용하는 변수들은 http 모듈에서 제공하는 내장 변수입니다.[6]

2.7 스티키 라우팅(엔진엑스 플러스)

문제 엔진엑스 플러스 환경에서 영구 세션persistent session을 세부적으로 제어해 업스트림 서버로 전달하기

해결 sticky 지시자를 route 매개변수와 함께 사용합니다. 이때 사용자 요청을 특정 업스트림 서버로 보내려면 경로에 대한 매핑 정보를 포함하는 변수를 사용합니다.

```
map $cookie_jsessionid $route_cookie {
      ~.+\.(?P<route>\w+)$ $route;
}

map $request_uri $route_uri {
      ~jsessionid=.+\.(?P<route>\w+)$ $route;
}

upstream backend {
      server backend1.example.com route=a;
      server backend2.example.com route=b;

      sticky route $route_cookie $route_uri;
}
```

예시는 업스트림 서버가 자바 애플리케이션일 때 세션 ID 값을 추출하고, 이 값을 이용해 특정 업스트림 서버로 요청을 전달합니다. 첫 번째 map 블록은 사용자 요청 쿠키에서 jsessionid 값을 추출해 $route_cookie 변수에 할당합니다. 두 번째 map 블록은 URI에 jsessionid 값이 있으면 값을 확인해 $route_uri 변수에 할당합니다. route 매개변수와 함께 사용된 sticky 지시자는 변수 여러 개를 인수로 사용할 수 있습니다. 변수들 중 0이 아닌 값이나 비어 있지 않은 값이 먼저 사용됩니다. 쿠키에서 jsessionid 값을 추출했다면 $route_cookie

6 옮긴이_ 엔진엑스는 여러 가지 내장 변수를 제공합니다. 업스트림 서버의 정보를 담는 내장 변수는 $upstream_을 접두어로 가지며 특히 Set-cookie 헤더값의 정보는 $upstream_cookie_로 시작하는 변수명을 갖습니다. 한편 $cookie_로 시작하는 내장 변수는 사용자 요청의 쿠키 헤더값입니다. *http://nginx.org/en/docs/http/ngx_http_upstream_module.html#variables*와 *http://nginx.org/en/docs/http/ngx_http_core_module.html#variables*를 참고하기 바랍니다.

변숫값이 존재하므로 backend1 서버로 요청을 보냅니다. 만약 URI에서 값이 발견됐다면 backend2 서버로 요청을 보냅니다. 예시에서는 자바의 일반적인 세션 ID를 다루지만 PHP의 phpsessionid나 다른 방법으로 생성된 고유한 세션 ID에도 같은 방법을 적용합니다.

논의 때때로 더 정교하게 트래픽을 특정 서버로 보내야 하는 상황이 있습니다. 이를 위해 sticky 지시자와 route 매개변수가 만들어졌습니다. 해시 기반으로 부하를 분산하는 일반적인 방법과 달리 스티키 라우팅sticky routing은 더 정교하고 추적이 가능하며 고정된 서버로 요청을 보낼 수 있습니다. 클라이언트가 보낸 최초 요청은 엔진엑스 설정에 지정된 규칙에 따라 업스트림 서버로 전달됩니다. 업스트림 서버는 쿠키나 URI에 세션 정보를 내려주고, 이어지는 요청은 쿠키나 URI에 저장된 경로 정보를 활용해 특정 서버로 전달됩니다. 스티키 라우팅은 업스트림 서버 결정에 사용하기 위해 평가한 여러 개의 매개변수를 사용합니다. 요청을 서버로 라우팅할 때는 매개변수 중 비어 있지 않은 첫 번째 값이 사용됩니다. map 블록은 변수를 파싱parsing해 업스트림 경로 지정에 필요한 정보를 추출하고 값을 다른 변수에 저장합니다. 기본적으로 sticky route 지시자는 다양한 방식으로 생성되는 업스트림 서버의 세션 정보를 추적하기 위해 엔진엑스 플러스의 공유 메모리 영역에 별도로 세션 정보를 저장합니다. 세션 정보는 사용자 요청을 지속적으로 같은 업스트림 서버로 전달하는 데 사용됩니다.

2.8 커넥션 드레이닝(엔진엑스 플러스)

문제 서버 유지보수가 필요하거나 서버를 종료해야 하는 상황에서 활성 사용자 세션이 남아 있는 엔진엑스 서버를 점진적으로 서비스에서 제외하기

해결 엔진엑스 플러스 API로 drain 매개변수를 보내 엔진엑스가 추적 중이 아닌 새로운 연결을 더는 업스트림 서버로 보내지 않도록 설정합니다. 보다 자세한 내용은 5장에서 살펴봅니다.

```
$ curl -X POST -d '{"drain":true}' 'http://nginx.local/api/9/http/upstreams/backend/servers/0'
{
      "id":0,
      "server":"172.17.0.3:80",
      "weight":1,
      "max_conns":0,
```

```
        "max_fails":1,
        "fail_timeout":"10s",
        "slow_start":"0s",
        "route":"",
        "backup":false,
        "down":false,
        "drain":true
}
```

논의 세션 상태가 각 서버의 로컬에 저장되는 경우, 서버가 서비스에서 제외되기 전에 모든 연결과 세션이 비워져야 합니다. 서버에서 연결을 비우는 것은 서버가 각 세션의 사용이 끝나면 자연스럽게 연결을 파기하도록 하는 절차입니다. 이 동작은 예시와 같이 API를 이용해 특정 서버로 `drain` 매개변숫값을 전달함으로써 동적으로 설정할 수 있습니다. `drain` 매개변수가 설정되면 엔진엑스 플러스는 해당 서버에서 더는 새로운 세션을 만들지 않습니다. 다만 이미 연결돼 있는 세션은 유효 기간 동안 유지됩니다. 보통 API를 이용해 제어하지만 엔진엑스 설정의 `server` 지시자에 `drain` 매개변수를 넣은 후 엔진엑스 플러스 설정을 리로드해서 제어할 수도 있습니다.

2.9 수동적인 헬스 체크

문제 업스트림 서버의 상태를 수동으로 점검하여 서버들이 전달된 트래픽을 제대로 처리할 수 있는지 확인하기

해결 동작에 문제가 없는 업스트림 서버만 사용하려면 엔진엑스 부하분산 설정에 헬스 체크 health check 매개변수를 추가합니다.

```
upstream backend {
        server backend1.example.com:1234 max_fails=3 fail_timeout=3s;
        server backend2.example.com:1234 max_fails=3 fail_timeout=3s;
}
```

이 설정은 사용자 요청에 대한 업스트림 서버의 응답을 모니터링해 업스트림 서버의 상태를 수동[7]으로 확인합니다. max_fails 매개변수는 헬스 체크의 최대 실패 횟수이며 예시 설정에서는 3회로 지정하고, fail_timeout은 실패에 대한 타임아웃 값이며 3초로 지정합니다. 이 매개변수들은 stream과 HTTP 서버에서 같은 방식으로 동작합니다.

논의 수동적인 헬스 체크는 오픈 소스 엔진엑스에서 사용 가능하며 HTTP, TCP, UDP 부하분산 구성의 server 지시자에 설정합니다. 수동적인 모니터링은 클라이언트의 요청이 엔진엑스를 경유해 업스트림 서버로 보내진 후 타임아웃이나 요청 실패가 발생하는지 확인합니다. 수동적인 헬스 체크는 기본으로 활성화돼 있으며 본문에서 언급한 매개변숫값들로 동작을 조정합니다. max_fails 매개변수의 기본값은 1회이고 fail_timeout의 기본값은 10초입니다. 부하분산에서 업스트림 서버의 상태를 모니터링하는 작업은 사용자 및 비즈니스 연속성 관점에서 중요하므로 엔진엑스는 수동적인 모니터링으로 업스트림 서버가 원활하게 동작하는지 확인합니다.

함께 보기

- HTTP 헬스 체크 설정하기: *https://oreil.ly/9xsNp*
- TCP 헬스 체크 설정하기: *https://oreil.ly/_2MK5*
- UDP 헬스 체크 설정하기: *https://oreil.ly/kEYQN*

2.10 능동적인 헬스 체크(엔진엑스 플러스)

문제 **엔진엑스 플러스를 통해 업스트림 서버의 상태를 능동적으로 점검하여 서버들이 전달된 트래픽을 제대로 처리할 수 있는지 확인하기**

해결 http 모듈을 사용하는 경우 location 블록에 health_check 지시자를 사용해 능동적으로 상태를 확인합니다.

7 옮긴이_ 수동적이라는 표현은 사용자 요청이 들어오기 전에 선제적으로 상태 확인을 하지 않는다는 의미일 뿐 부정적인 의미로 쓰인 것은 아닙니다.

```
http {
        server {
                # ...
                location / {
                        proxy_pass http://backend;
                        health_check interval=2s
                                     fails=2
                                     passes=5
                                     uri=/
                                     match=welcome;
                }
        }
        # 응답 코드가 200이고 Content-Type이 "text/html"이면서
        # 응답 바디에 "Welcome to nginx!" 문자열이 있는지 확인합니다.
        match welcome {
                status 200;
                header Content-Type=text/html;
                body ~ "Welcome to nginx!";
        }
}
```

이 설정은 업스트림 서버의 최상위(/) 경로로 2초마다 HTTP GET 요청을 보내 서버 상태를 확인합니다. 헬스 체크 설정은 HTTP 메서드 중 GET만 사용할 수 있는데, 이는 HTTP 메서드가 백엔드backend 서버 상태를 바꿔 헬스 체크 결과가 변하는 것을 방지하기 위함입니다. 업스트림 서버는 헬스 체크에 대해 5회 연속 정상적으로 응답하면 상태가 양호하다고 간주됩니다. 헬스 체크가 2회 연속 실패하면 해당 업스트림 서버는 문제가 있다고 판단되며 업스트림 풀에서 제외됩니다. 업스트림 서버는 match 블록에 지정한 것과 같이 HTTP 응답 코드(status)가 200이고 콘텐츠 타입(Content-Type) 헤더값이 text/html이면서 응답 바디(body) 값이 "Welcome to nginx!"이면 정상으로 간주됩니다. 예시와 같이 match 블록은 status, header, body 지시자로 구성되며 지시자들은 비교 플래그를 제공합니다.[8] TCP/UDP 프로토콜을 사용하는 stream 모듈의 헬스 체크도 매우 비슷합니다.

```
stream {
        # ...
        server {
```

8 옮긴이_ 업스트림 서버의 응답값을 비교하는 비교 연산자를 제공한다고 이해해도 좋습니다.

```
            listen 1234;
            proxy_pass stream_backend;
            health_check interval=10s
                         passes=2
                         fails=3;
            health_check_timeout 5s;
        }
        # ...
}
```

예시에서 TCP 서버는 1234 포트로 들어오는 요청을 수신하며, 능동적으로 헬스 체크를 하는 업스트림 서버로 요청을 전달합니다. stream 모듈의 health_check 지시자는 http 모듈에서 헬스 체크 구성 시 사용했던 매개변수를 대부분 사용할 수 있지만 uri 매개변수는 사용하지 않습니다. 대신 udp 매개변수를 사용해 헬스 체크 프로토콜을 변경합니다. 예시의 health_check 지시자는 10초 간격(interval)으로 헬스 체크를 수행하며 시험이 2회 연속 성공(passes)하면 업스트림 서버를 정상으로 판단하고 3회 연속 실패(fails)하면 비정상으로 판단하도록 설정합니다. stream 모듈에서 헬스 체크를 수행할 때도 match 블록을 사용할 수 있지만 send와 expect라는 두 가지 지시자만 제공됩니다. send 지시자는 업스트림 서버로 보낼 원시 데이터raw data 확인에 사용되며 expect 지시자는 서버의 응답과 비교할 값이나 정규 표현식regular expression에 사용됩니다.

논의 엔진엑스 플러스는 수동적인 헬스 체크와 능동적인 헬스 체크를 지원하며, 두 가지 모두 업스트림 서버의 응답 코드를 확인하는 것 이상의 상태 확인 동작을 수행합니다. http 모듈에 대한 능동적인 헬스 체크는 업스트림 서버의 여러 응답값이 허용 기준에 맞는지 모니터링합니다. 업스트림 서버를 얼마나 자주 시험할지, 허용 기준에 맞는 응답이 몇 번 전달되면 서버가 정상이라고 판단할지, 몇 번 실패하면 서버가 비정상이라고 판단할지를 지정할 수 있으며 정상 상태에 대한 응답 또한 정의할 수 있습니다. 더 복잡한 조건으로 상태를 확인하려면 match 블록의 require 지시자로 변수가 빈 값이나 0이 아닌지 확인합니다. health_check 지시자의 match 매개변수는 응답 허용 기준을 정의한 match 블록을 가리킵니다. TCP/UDP 프로토콜을 사용하는 stream 모듈에서는 헬스 체크 요청 시 업스트림 서버로 보낼 데이터를 match 블록을 통해 정의하기도 합니다. 이러한 기능으로 엔진엑스는 업스트림 서버가 항상 정상 상태임을 확인합니다.

함께 보기

- HTTP 헬스 체크 설정하기: *https://oreil.ly/9xsNp*
- TCP 헬스 체크 설정하기: *https://oreil.ly/_2MK5*
- UDP 헬스 체크 설정하기: *https://oreil.ly/kEYQN*

2.11 슬로 스타트(엔진엑스 플러스)

문제 운영 환경에서 실사용자 트래픽을 받기 전에 애플리케이션의 예열ramp up[9]이 필요한 상황

해결 server 지시자에 slow_start 매개변수를 사용해 점진적으로 사용자 연결을 늘려나갈 시간 범위를 지정하고 업스트림 서버 부하분산 풀load balancing pool에 각 서버가 투입되도록 합니다.

```
upstream {
        zone backend 64k;

        server server1.example.com slow_start=20s;
        server server2.example.com slow_start=15s;
}
```

server 지시자의 설정에 따라 서버가 다시 풀에 투입된 후 천천히 전달되는 트래픽을 늘려갑니다. server1은 20초, server2는 15초에 걸쳐 연결 수를 천천히 늘려갑니다.

논의 슬로 스타트slow start는 지정된 시간 동안 업스트림 서버로 전달하는 요청의 수를 점진적으로 늘려나가는 개념입니다. 서버 시작 직후에 연결 폭주 없이 데이터베이스 연결을 맺고 캐시를 쌓을 시간을 확보함으로써 애플리케이션은 서비스를 원활히 제공할 준비를 할 수 있습니다. 이 기능은 서버가 헬스 체크 실패로 풀에서 제외된 후 다시 정상화되어 풀에 투입되는 시점에 유용합니다. 단, 엔진엑스 플러스에서만 제공되며 해시, IP 해시, 랜덤 부하분산 방식에서는 사용할 수 없습니다.

---

9 옮긴이_ 애플리케이션의 성격과 동작 방식에 따라 실행 초기에 많은 요청을 한 번에 수용하기 힘든 경우가 있습니다. 대표적인 예로 캐시cache 기능이 있는 애플리케이션은 조금씩 캐시를 채우면서 트래픽을 수용해야 합니다.

CHAPTER 3

트래픽 관리

3.0 소개

엔진엑스는 웹 트래픽 컨트롤러로도 분류됩니다. 엔진엑스를 이용해 트래픽 경로를 결정하고 여러 속성값을 이용해 흐름을 제어할 수 있습니다. 이 장에서는 사용자 요청을 특정 비율로 분기하거나 사용자의 위치 정보를 활용해 흐름을 조절하고 요청 빈도, 연결 수, 대역폭 등을 제한해 트래픽을 제어하는 방법을 살펴봅니다. 이 장을 읽는 동안 여러 가지 분기 방법을 조합해 다양하게 트래픽을 제어할 수 있음을 기억하기 바랍니다.

3.1 A/B 테스트

문제 사용자 반응을 살펴보기 위해 버전이 두 개 이상인 파일이나 애플리케이션으로 사용자를 분기하기

해결 `split_clients` 모듈을 사용해 사용자 요청을 지정된 비율에 따라 서로 다른 업스트림 풀로 전달합니다.

```
split_clients "${remote_addr}AAA" $variant {
      20.0%    "backendv2";
      *        "backendv1";
}
```

split_clients 지시자는 첫 번째 매개변수에 지정된 문자열을 활용해 해시를 생성하고, 지정된 비율에 따라 두 번째 매개변수에 지정된 변수에 값을 할당합니다. 큰따옴표로 묶인 첫 번째 매개변수에 보이는 문자열 AAA는 비율 분기 시 사용하는 해시를 생성할 때도 **2.4 '부하분산 알고리즘'**에서 살펴본 제네릭 해시 알고리즘과 마찬가지로 여러 변수와 문자열을 조합할 수 있음을 보여줍니다. 세 번째 매개변수는 키-값key-value 조합으로 구성된 객체로, 키는 분기 비율이고 값은 큰따옴표로 묶인 문자열입니다. 분기 비율은 숫자로 표기된 비율이나 별표asterisk로 지정합니다. 일반적인 경우처럼 별표는 비율로 지정되지 않은 나머지 전체를 의미합니다. 두 번째 매개변수인 $variant는 세 번째 매개변수에 지정된 분기 비율에 따라 특정 값을 저장합니다. 즉, 예시의 $variant 변수는 요청의 20%에 대해 backendv2가 할당되고 나머지 80%에 대해 backendv1이 할당됩니다.

예시에서 backendv1과 backendv2는 proxy_pass 지시자 등에서 사용할 수 있는 업스트림 서버 풀을 나타냅니다.

```
location / {
      proxy_pass http://$variant
}
```

엔진엑스로 수신된 트래픽은 $variant 변수를 사용해 두 개의 애플리케이션 서버 풀로 분기됩니다.

다음 예시는 정적 웹사이트 버전 두 개로 사용자를 분기 처리하기 위해 split_client 모듈을 사용하는 설정으로, split_client가 다양한 방식으로 사용됨을 보여줍니다.

```
http {
      split_clients "${remote_addr}" $site_root_folder {
            33.3%       "/var/www/sitev2/";
            *           "/var/www/sitev1/";
      }

      server {
            listen 80 _;
            root $site_root_folder;
            location / {
                  index index.html;
            }
```

```
    }
}
```

논의 이러한 A/B 테스트는 전자 상거래 사이트에서 여러 가지 마케팅이나 프런트엔드 기능의 전환율conversion rate을 측정하는 데 유용합니다. 애플리케이션을 배포할 때는 카나리 배포canary release[1]가 널리 사용됩니다. 카나리 배포 방식은 새로운 버전의 애플리케이션으로 사용자 요청이 전달되는 비율을 조금씩 늘려가면서 트래픽이 천천히 새 버전으로 전환되도록 합니다. 애플리케이션의 서로 다른 버전을 사용하도록 사용자를 나누면 새로운 버전 전개 시 오류 상황이 급격히 번지는 것을 막을 수 있어 매우 유용합니다. 카나리 배포보다 더 일반적으로는 블루-그린 배포 방식blue-green deployment style이 사용됩니다. 블루-그린 방식은 모든 사용자가 한 번에 새로운 애플리케이션을 사용하도록 분기하되 새 버전에 문제가 없다고 확인될 때까지 기존 버전을 유지합니다. 분기 목적이 무엇이든 엔진엑스는 `split_clients` 모듈을 통해 간단히 분기 처리를 합니다.

함께 보기

- `split_clients` 모듈 공식 문서: *https://oreil.ly/Fn61k*

3.2 GeoIP 모듈과 데이터베이스 활용하기

문제 **GeoIP[2] 데이터베이스를 설치하고 엔진엑스의 관련 내장 변수embedded variable를 활성화해 엔진엑스가 로그, 요청 프록시, 요청 분기 등을 수행할 때 사용자 위치를 확인하도록 하기**

해결 2장에서 엔진엑스 설치를 위해 엔진엑스 공식 오픈 소스 패키지 저장소를 설정했습니다. 이 저장소는 `nginx-module-geoip`라는 모듈을 제공합니다. 엔진엑스 플러스 패키지 저장소를 이용하고 있다면 `nginx-plus-module-geoip`라는 이름으로 패키지를 찾을 수 있습니다.

1 옮긴이_ 새로운 기능이나 변경 사항을 모든 서비스에 한 번에 적용하지 않고 일부 서버에만 적용해서 실서비스 환경의 트래픽을 이용해 문제가 있는지 확인하는 배포 방식.

2 옮긴이_ GeoIP는 'Geolocation'과 'IP'의 합성어입니다. IP 주소 자체는 위치 정보가 없지만 IP 주소를 할당받은 국가, 통신사 등의 정보를 바탕으로 IP 주소를 지리적 위치와 매핑한 데이터를 GeoIP 혹은 GeoIP 데이터베이스라 부릅니다.

다만, 엔진엑스 플러스는 별도로 GeoIP2라는 동적인 모듈을 제공합니다. 이 모듈은 개선된 버전의 모듈로 HTTP 컨텍스트 뿐 아니라 stream 컨텍스트에서도 동작합니다. GeoIP2 모듈은 이번 절의 후반부에서 자세히 설명합니다. 다음 명령을 이용하여 OS별로 엔진엑스 GeoIP 모듈 패키지와 GeoIP 국가 및 도시 데이터베이스를 설치할 수 있습니다.

YUM 패키지 매니저의 엔진엑스 오픈 소스 저장소

```
$ yum install nginx-module-geoip
```

APT 패키지 매니저의 엔진엑스 오픈 소스 저장소

```
$ apt-get install nginx-module-geoip
```

YUM 패키지 매니저의 엔진엑스 플러스 저장소

```
$ yum install nginx-plus-module-geoip
```

APT 패키지 매니저의 엔진엑스 플러스 저장소

```
$ apt-get install nginx-plus-module-geoip
```

GeoIP 모듈을 설치했으면 맥스마인드Maxmind에서 제공하는 GeoIP 국가 및 도시 데이터베이스를 다운로드합니다. 이 데이터베이스는 회원 가입 없이도 다운로드할 수 있었지만 출간 시점 기준으로는 회원 가입을 한 사용자에게만 다운로드를 허용합니다.

GeoLite2 무료 다운로드 페이지[3]에서 'Sign Up for GeoLite2'를 클릭해 회원 가입 후 콘텐츠를 다운로드합니다. 엔진엑스에서 GeoLite2 데이터베이스를 사용하려면 약간의 데이터 가공이 필요합니다. 쉬운 가공을 위해 CSV 포맷의 국가 및 도시 데이터베이스 zip 파일을 다운로드하기 바랍니다.

3 *https://dev.maxmind.com/geoip/geolite2-free-geolocation-data?lang=en*

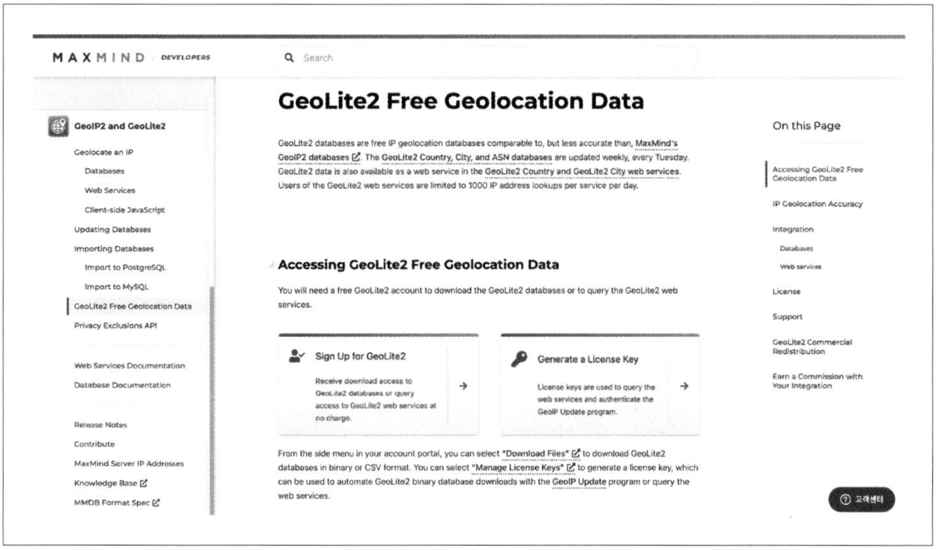

그림 3-1 맥스마인드의 GeoLite2 무료 다운로드 안내 페이지

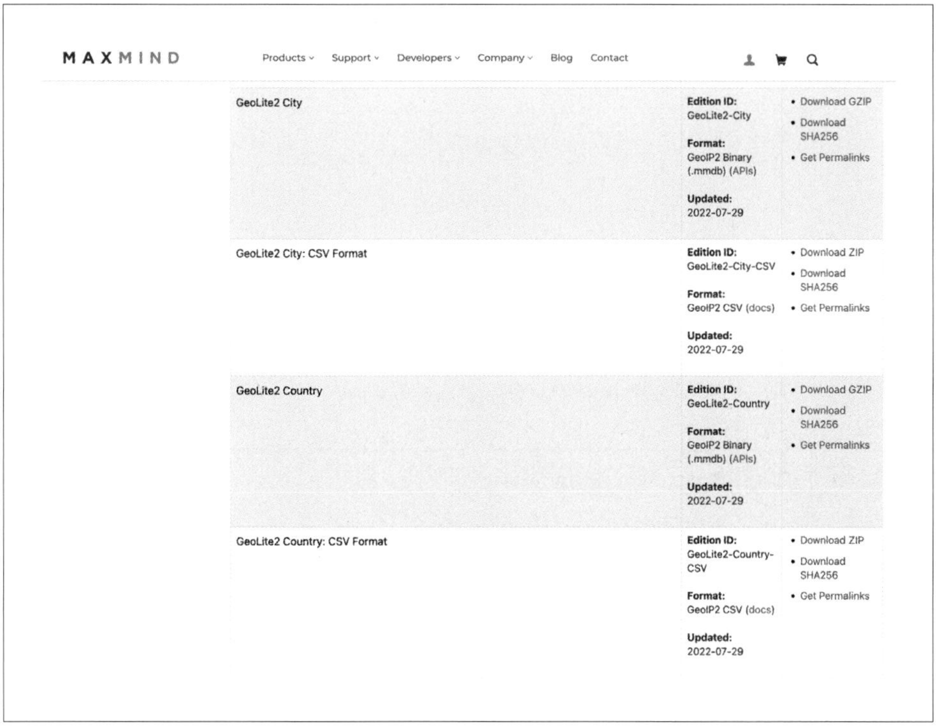

그림 3-2 GeoLite2 City와 GeoLite2 Country는 CSV 형식의 zip 파일로 다운로드합니다.

맥스마인드에서 제공하는 GeoIP 국가 및 도시 데이터베이스를 geoip_country 지시자와 geoip_city 지시자를 통해 사용하기 위해 데이터를 가공합시다. 다행히 파이썬 기반의 맥스마인드 데이터 변환 스크립트가 공개돼 있습니다. 깃허브 저장소[4]에서 저장소 주소를 복사해 로컬 환경에 복제clone하기 바랍니다.

```
# mkdir /etc/nginx/geoip
# cd /etc/nginx/geoip

# git clone https://github.com/sherpya/geolite2legacy.git
# cd geolite2legacy

# python3 geolite2legacy.py -i <파일다운로드경로>/GeoLite2-Country-CSV_20220802.zip
-f geoname2fips.csv -o GeoIP.dat
Database type Country - Blocks IPv4 - Encoding: utf-8
wrote 383600-node trie with 377397 networks (252 distinct labels) in 3 seconds

# python3 geolite2legacy.py -i <파일다운로드경로>/GeoLite2-City-CSV_20220802.zip -f
geoname2fips.csv -o GeoLiteCity.dat
Database type City - Blocks IPv4 - Encoding: utf-8
wrote 3436376-node trie with 3430173 networks (155371 distinct labels) in 47 seconds
```

명령을 순차적으로 실행하면 /etc/nginx/geoip 경로를 생성하고 해당 디렉터리로 이동한 뒤 다운로드한 CSV 형식의 압축된 데이터베이스 파일을 엔진엑스 GeoIP 모듈이 사용할 수 있는 형식으로 변환합니다. 참고로, 다운로드한 zip 파일 이름 뒷부분에는 다운로드 시점의 날짜가 yyyymmdd 형식으로 붙어 있습니다.

엔진엑스의 GeoIP 모듈은 로컬 디스크에 저장된 GeoIP 국가 및 도시 데이터베이스를 이용해 사용자 IP 주소에 대한 위치 정보를 내장 변수로 사용합니다.

```
load_module modules/ngx_http_geoip_module.so

http {
        geoip_country /etc/nginx/geoip/GeoIP.dat;
        geoip_city /etc/nginx/geoip/GeoLiteCity.dat;
        # ...
}
```

4 *https://github.com/sherpya/geolite2legacy*

`load_module` 지시자는 파일시스템의 지정된 경로에서 모듈을 동적으로 읽어옵니다. 이 지시자는 반드시 엔진엑스의 공통 설정 부분에서 사용해야 합니다. `geoip_country` 지시자는 IP와 국가 코드 정보가 담긴 `GeoIP.dat` 파일의 경로를 매개변수로 전달받으며 `http` 컨텍스트 내에서만 유효합니다.

GeoIP2 모듈은 동적인 모듈로 제공되며(*https://oreil.ly/oWC8B*) 엔진엑스 오픈 소스를 빌드할 때 함께 컴파일할 수 있습니다. 다만 이 과정을 설명하는 것은 책의 주제를 벗어납니다. 아래에 설명하는 설치 과정은 엔진엑스 플러스 환경에서 `nginx-plus-module-geoip2` 모듈을 설치하는 과정을 설명합니다.

APT 패키지 매니저를 이용한 엔진엑스 플러스 GeoIP2 동적 모듈 설치

```
$ apt install nginx-plus-module-geoip2
```

YUM 패키지 매니저를 이용한 엔진엑스 플러스 GeoIP2 동적 모듈 설치

```
$ yum install nginx-plus-module-geoip2
```

GeoIP2 동적 모듈 읽어오기

```
load_module modules/ngx_http_geoip2_module.so;
load_module modules/ngx_stream_geoip2_module.so;

http {
    # ...
}
```

앞서 소개한 엔진엑스 오픈 소스에서의 GeoLite2 데이터베이스 이용과 달리 GeoIP2 모듈을 이용하는 경우 데이터 가공 과정이 필요 없습니다.

다음의 예시처럼 `geoip2` 지시자를 이용해 다운로드받은 데이터베이스를 직접 이용할 수 있습니다.

```
http {
    ...
    geoip2 /etc/maxmind-country.mmdb {
        auto_reload 5m;
```

```
        $geoip2_metadata_country_build metadata build_epoch;
        $geoip2_data_country_code default=US
          source=$variable_with_ip country iso_code;
        $geoip2_data_country_name country names en;
    }

    geoip2 /etc/maxmind-city.mmdb {
        $geoip2_data_city_name default=London city names en;
    }
    ....

    fastcgi_param COUNTRY_CODE $geoip2_data_country_code;
    fastcgi_param COUNTRY_NAME $geoip2_data_country_name;
    fastcgi_param CITY_NAME $geoip2_data_city_name;
    ....
}

stream {
    ...
    geoip2 /etc/maxmind-country.mmdb {
        $geoip2_data_country_code default=US
            source=$remote_addr country iso_code;
    }
    ...
}
```

논의 사용자 위치 확인 기능을 사용하려면 엔진엑스 GeoIP 혹은 GeoIP2 모듈을 설치하고 엔진엑스 서버의 로컬 디스크에 GeoIP 국가 및 도시 데이터베이스를 설치합니다. 모듈 설치와 GeoIP 데이터베이스 파일 추출 방법은 이 절에서 이미 다뤘습니다.

원래의 GeoIP 모듈이 제공하는 geoip_country와 geoip_city 지시자는 GeoIP 모듈에서 사용 가능한 여러 내장 변수를 쓸 수 있게 해줍니다. geoip_country 지시자는 사용자가 어느 국가에서 접근하는지 식별하는 변수($geoip_country_code, $geoip_country_code3, $geoip_country_name)를 제공합니다. $geoip_country_code 변수 두 개 중 첫 번째는 두 자리 문자로 구성된 국가 코드를 제공하며, 3으로 끝나는 변수는 세 자리 문자로 구성된 국가 코드를 제공합니다. $geoip_country_name 변수는 각 국가의 전체 이름fullname을 제공합니다.

geoip_city 지시자도 여러 내장 변수를 활성화합니다. geoip_city 지시자는 geoip_country 지시자가 제공하는 것과 동일한 변수를 제공하며 변수명만 조금 다릅니다($geoip_ city_country_code, $geoip_city_country_code3, $geoip_city_country_name). 그 외에도 내장 변수 $geoip_city, $geoip_latitude, $geoip_longitude, $geoip_city_continent_code, $geoip_postal_code 등이 제공되며 각 변수가 제공하는 정보는 이름으로 쉽게 추측할 수 있습니다. $geoip_region과 $geoip_region_name은 지역region과 행정구역territory, 주state(일부 국가 한정)나 도province, 연방토지federal land(미국 한정)와 같은 세부 정보를 제공합니다.

$geoip_region은 두 글자로 구성된 영문 코드이며 $geoip_region_name은 지역의 전체 이름을 영문으로 제공합니다. $geoip_area_code는 미국 내에서만 의미 있는 값으로 세 자리의 지역 전화번호 코드를 담고 있습니다.

GeoIP2 모듈을 사용하는 경우 geoip2 지시자가 동일한 변수를 사용할 수 있게 해줍니다. 다만 변수의 접두어가 geoip2_data_로 바뀐다는 점에 유의합시다. geoip2 지시자는 맥스마인드 데이터베이스를 지정된 시간 간격으로 리로드하도록 설정할 수 있습니다.

이러한 변수들을 활용해 사용자 위치 정보를 로그에 남깁니다. 정보는 헤더나 변수 등을 통해 업스트림 서버의 애플리케이션에 전송할 수 있으며 엔진엑스에서 요청을 분기하는 구성을 만들 때도 활용할 수 있습니다.[5]

함께 보기

- 엔진엑스 geoip 모듈 공식 문서: *https://oreil.ly/zleE0*
- 맥스마인드에서 제공하는 GeoIP 데이터베이스: *https://oreil.ly/rJp_a*
- 엔진엑스 GeoIP2 동적 모듈 공식 문서: *https://oreil.ly/VbINx*
- GeoIP2 소스 리포지토리: *https://oreil.ly/N5Ajm*

---

5 옮긴이_ IP 주소를 기반으로 위치 정보를 확인하는 작업은 국가 단위 정확도가 꽤 높습니다. 하지만 도시 단위 정보는 정확도가 높지 않은 편이므로 참고 자료 정도로만 활용하는 편이 좋습니다. 책에서 사용한 예제 데이터베이스는 맥스마인드가 제공하는 제품으로, 무료 버전과 유료 버전으로 나뉘며 데이터베이스의 정확도와 규모에 차이가 있습니다.

3.3 국가 단위 접근 차단하기

문제 비즈니스 요구사항이나 애플리케이션 요건에 따라 특정 국가의 사용자를 차단하기

해결 map 지시자를 사용해 접근을 차단하거나 허용할 국가 코드를 변수에 할당합니다.

```
load_module modules/ngx_http_geoip2_module.so

http {
    geoip2 /etc/maxmind-country.mmdb {
        auto_reload 5m;
        $geoip2_metadata_country_build metadata build_epoch;
        $geoip2_data_country_code default=US
          source=$variable_with_ip country iso_code;
        $geoip2_data_country_name country names en;
    }
    map $geoip2_data_country_code $country_access {
        "US" 0;
        default 1;
    }
    # ...
}
http {
      map $geoip_country_code $country_access {
            "US"       0;
            default    1;
      }
      # ...
}
```

예시의 map 지시자는 $country_access 변수에 1이나 0을 할당합니다. 사용자 IP 주소의 위치 정보가 미국(US)이면 변수에 0을 할당합니다. 그 외의 국가이면 기본값인 1로 설정됩니다.

이제 server 블록에서 if 문을 사용해 미국에서 온 요청이 아니면 차단합니다.

```
server {
      if ($country_access = '1') {
            return 403;
      }
```

```
    # ...
}
```

예시는 널리 사용되는 개발 언어의 `if` 문과 마찬가지로 `$country_access` 값이 1인지 확인해 참true과 거짓false을 판별합니다. 비교 결과가 참이면 차단 대상 요청이므로 엔진엑스는 '403 Forbidden' 응답을 반환하고 결과가 거짓이면 이후 설정 내용에 따라 동작합니다. 이와 같이 `if` 문을 사용해 미국에서 접근하는 사용자가 아니면 리소스에 대한 접근을 차단할 수 있습니다.

논의 예시는 몇 줄짜리 간단한 코드로 국가 단위로 사용자 접근을 제어하는 방법을 잘 보여주며, 이는 필요에 따라 다양하게 응용 가능합니다. 국가 정보 외에도 **geoip2** 모듈이 제공하는 다양한 내장 변수를 활용해 사용자 요청을 허용하거나 차단하는 설정을 구현해 보기 바랍니다.[6]

3.4 실제 사용자 IP 찾기

문제 사용자 요청이 프록시 서버를 경유해 엔진엑스 서버에 전달됐을 때 실제 사용자 IP 확인하기

해결 `geoip2_proxy` 지시자로 프록시 서버 IP 대역을 정의하고 `geoip2_proxy_recursive` 지시자로 사용자의 원래 IP 주소를 확인합니다.

```
load_module modules/ngx_http_geoip2_module.so

http {
    geoip2 /etc/maxmind-country.mmdb {
        auto_reload 5m;
        $geoip2_metadata_country_build metadata build_epoch;
        $geoip2_data_country_code default=US
          source=$variable_with_ip country iso_code;
        $geoip2_data_country_name country names en;
    }
    geoip2_proxy 10.0.16.0/26;
    geoip2_proxy_recursive on;
```

6 옮긴이_ 3.3절 이후부터는 기본적으로 geoip2 모듈을 이용하는 것을 전제로 합니다. geoip 모듈을 이용하는 경우에는 지시자나 변수 등의 접두어가 달라지는 부분에 유의하기 바랍니다.

```
    # ...
}
```

geoip2_proxy 지시자에 사이더classless inter-domain routing(CIDR) 표기법으로 프록시 서버의 IP 대역을 지정하고 엔진엑스가 X-Forwarded-For 헤더값을 활용해 실제 사용자 IP를 찾도록 합니다. geoip2_proxy_recursive 지시자를 사용하면 엔진엑스는 X-Forwarded-For 헤더값을 순차적으로[7] 탐색해 최종 사용자의 IP를 확인합니다.

노트 프록시는 프록시를 경유해 전달되는 사용자 요청에 Forwarded 표준 헤더를 추가합니다. 그러나 엔진엑스 GeoIP2 모듈은 표준 헤더가 아닌 X-Forwarded-For를 사용하며 출간 시점 기준 고정된 값입니다. X-Forwarded-For는 표준에 정의된 헤더는 아니지만 여러 프록시 서버 등에서 광범위하게 사용합니다.

논의 엔진엑스 앞단에 프록시 서버를 운용한다면 엔진엑스가 식별하는 사용자 IP는 실제 사용자가 아닌 프록시 서버의 IP입니다. geoip2_proxy 지시자를 사용해 특정 IP 대역에서 들어오는 요청에 대해 X-Forwarded-For 헤더값을 참조하도록 할 수 있습니다. geoip2_proxy 지시자는 단일 IP 주소나 CIDR 표기법을 사용한 IP 주소 대역을 사용합니다. 요청이 여러 프록시를 경유해 들어오면 geoip2_proxy_recursive 지시자를 사용해 X-Forwarded-For 헤더에 기록된 각 프록시 주소를 탐색해 실제 사용자 IP를 찾을 수 있습니다. 엔진엑스 앞단에 AWS 엘라스틱 로드 밸런서Amazon Web Services - Elastic Load Balancer(AWS ELB)나 구글 클라우드 플랫폼Google Cloud Platform(GCP)의 로드 밸런서 또는 마이크로소프트 애저Microsoft Azure의 로드 밸런서를 사용할 때도 이러한 방식으로 실제 사용자 IP를 확인합니다.

3.5 연결 제한하기

문제 사용자 IP 주소와 같이 사전에 정의된 키값에 따라 연결 수 제한하기

7 옮긴이_ X-Forwarded-For 헤더는 프록시 서버를 경유할 때마다 서버의 IP 주소 정보를 쉼표로 구분해 연결해 나갑니다. 예를 들어, 1.1.1.1, 2.2.2.2, 3.3.3.3처럼 IP 주소 정보 3개가 헤더로 전달됐다면 첫 번째로 기록된 IP가 실제 사용자의 IP 주소입니다.

해결 연결에 대한 지표를 저장할 공유 메모리 영역을 만들고 limit_conn 지시자를 사용해 연결 수를 제한합니다.

```
http {
        limit_conn_zone $binary_remote_addr zone=limitbyaddr:10m;
        limit_conn_status 429;
        # ...
        server {
                # ...
                limit_conn limitbyaddr 40;
                # ...
        }
}
```

이 설정은 limitbyaddr라는 공유 메모리 영역을 생성합니다. 사전에 정의된 키는 바이너리 형태로 변환된 사용자의 IP 주소입니다. 공유 메모리 영역의 크기는 10메가바이트로 설정합니다. limit_conn 지시자는 limit_conn_zone 지시자로 선언한 공간 이름과 허용 연결 수를 매개변수로 받습니다. limit_conn_status 지시자는 지정된 연결 수를 초과하면 사용자에게 전달할 HTTP 상태 코드를 지정하며 예시에서는 요청이 너무 많음을 의미하는 HTTP의 429 상태 코드를 사용합니다. limit_conn과 limit_conn_status 지시자는 http, server, location 컨텍스트에서 사용할 수 있습니다.

논의 지정된 키 기반으로 연결 수를 제한하면 악의적인 사용자를 막을 수 있으며 모든 사용자가 서버 리소스를 공평하게 사용할 수 있습니다. 따라서 어떤 키로 연결 수를 제한할지 신중히 결정해야 합니다. 앞선 예시처럼 IP 주소를 사용해 접근을 제한하는 방식은 네트워크 주소 변환network address translation(NAT) 장비 뒤에 구성된 네트워크에서 접근하는 사용자가 많으면 매우 위험할 수 있습니다.[8] 자칫 잘못 설정하면 해당 네트워크 전체 사용자의 접근이 제한됩니다. limit_conn_zone 지시자는 http 컨텍스트 내에서만 사용 가능합니다. 연결 수 제한 조건에 사용할 문자열을 만드는 데는 http 컨텍스트 내 여러 변수를 조합해 사용할 수 있습니다. 애플리케이션 레벨에서 사용자를 식별하기 위해 세션 쿠키값과 같은 변수를 사용할 수 있으며, 이는 비즈니스 요구사항에 따라 명확한 해결 방법이 되기도 합니다. limit_conn_status 지시자

8 옮긴이_ NAT 환경에서 사용자는 사설 IP 대역의 주소를 사용하지만 외부와의 통신이 필요할 때는 NAT 장비를 거치게 되며 NAT 장비에 할당된 공인 IP 주소를 사용합니다. 따라서 IP 주소를 통해 연결 수나 사용자 접근을 제한하기 전에 신중히 검토해야 합니다.

는 서비스 불능service unavailable을 의미하는 503을 기본 응답 코드로 사용합니다. HTTP에서 400번대 응답 코드는 사용자 측 오류를, 500번대 응답 코드는 서버 오류를 의미합니다. 그러므로 503보다는 429와 같은 응답 코드를 사용하는 편이 나을 수 있습니다.

이렇게 설정한 연결 수 제한은 시험하기가 쉽지 않습니다. 시험을 위해 별도로 구성한 환경에서는 실제 트래픽을 재현하기가 어렵기 때문입니다. 이때 `limit_conn_dry_run` 지시자를 `on`으로 설정하고 접근 로그에 기록하는 항목으로 `$limit_conn_status` 변수를 사용함으로써 실제 서비스 환경에서 어떤 형태의 연결 수 제한이 발생할지 가늠해볼 수 있습니다. `$limit_conn_status` 변숫값은 `PASSED`, `DELAYED`, `REJECTED`, `DELAYED_DRY_RUN`, `REJECTED_DRY_RUN`이 될 수 있습니다. 모의 시험dry run을 활성화해 실제 사용자 트래픽에 제한이 적용되는 상황을 가늠해 보고, 서비스 적용 전에 제한 설정이 적절한 값으로 구성됐는지 확인합니다.

3.6 요청 빈도 제한하기

문제 사용자 IP 주소와 같이 사전에 정의된 키값을 이용해 요청 빈도 제한하기

해결 빈도 제한 모듈을 활용해 요청 빈도를 제한합니다.

```
http {
        limit_req_zone $binary_remote_addr zone=limitbyaddr:10m rate=3r/s;
        limit_req_status 429;
        # ...
        server {
                # ...
                limit_req zone=limitbyaddr;
                # ...
        }
}
```

3.5 '연결 제한하기'에서 살펴본 예시와 마찬가지로 `limitbyaddr`라는 이름으로 공유 메모리 영역을 생성합니다. 또한 사용자 IP 주소를 바이너리 형태로 변환해 사전에 정의된 키로 활용합니다. 예시에서 영역의 크기는 10메가바이트로 지정합니다. 공유 메모리 영역은 정의된 키를

사용해 빈도를 설정하며 limit_req 지시자는 zone 매개변수를 통해 키를 전달받습니다. 다시 말하면 zone 매개변수는 어떤 공유 메모리 영역을 참고해 요청 빈도를 제한할지 결정합니다. 지정된 빈도를 초과하는 요청은 limit_req_status 지시자에 지정된 429 응답 코드를 받습니다. limit_req_status 지시자로 별도 응답 코드를 지정하지 않았으면 기본값인 503이 반환됩니다. 따라서 사용자 요청이 과도한 상황을 표현해줄 400번대 HTTP 응답 코드를 limit_req_status 지시자에 지정하는 편이 좋습니다.

limit_req 지시자는 zone과 별개로 추가 매개변수를 사용하면 두 단계로 요청 빈도 제한을 수행할 수 있습니다.

```
server {
        location / {
                limit_req zone=limitbyaddr burst=12 delay=9;
        }
}
```

간혹 사용자 측에서 한 번에 많은 요청을 전송한 후 일정 시간 동안 요청 빈도를 줄이는 경우가 있습니다. 이 경우 burst 매개변수를 사용해 빈도가 지정된 값보다 낮으면 차단하지 않고 허용하도록 설정할 수 있습니다. delay 매개변숫값을 초과한 요청은 지정된 rate에 맞춰 지연 처리를 합니다. 이 동작은 delay 외에 nodelay로도 제어합니다. nodelay 매개변수는 특정 수치를 지정하지 않고 키워드만으로 사용하며, 임계치를 초과한 요청을 수신하면 빈도 제한 수치를 하회할 때까지 모든 요청에 지정된 오류 코드로 응답합니다. 예를 들어, 예시 설정에서 nodelay 매개변수를 사용했다면 사용자는 처음 1초간 요청 12개를 오류 없이 전송하지만 다음 요청을 보내려면 4초간[9] 대기해야 합니다. delay 매개변수는 지연을 적용하지 않고 처리할 수 있는 최대 요청 빈도를 지정합니다. 예시에서는 사용자가 요청을 초당 9개까지 지연 없이 전송할 수 있으며 초과 요청 3개는 쓰로틀링throttling돼 지연 처리가 됩니다. 마찬가지로 요청이 한 번에 12개 이상 들어오면 4초간 해당 사용자 요청은 거절됩니다.

논의 빈도 제한 모듈을 사용해 일반 사용자에게는 정상적인 서비스를 제공하면서 악의적으로 아주 많은 요청을 보내는 사용자의 접근을 제한할 수 있습니다. 요청 빈도를 제한하는 이유는

9 옮긴이_ rate 매개변수가 3r/s로 지정돼 있으므로 요청 12개를 처리하는 데는 4초가 필요합니다. 따라서 12개를 우선 처리하고 4초간 대기한 후 다음 요청을 처리합니다.

다양하며 보안 또한 중요한 목적입니다. 예를 들어, 로그인 페이지에 강력한 요청 빈도 제한을 적용해 브루트포스 공격brute-force attack[10]을 차단하거나, 매우 엄격한 요청 빈도 제한으로 악의적인 사용자가 애플리케이션을 응답 불능 상태에 빠뜨리거나 서버 리소스를 고갈시키는 문제에 대응합니다. 빈도 제한 모듈 설정은 **3.5 '연결 제한하기'**에서 살펴본 연결 수 제한과 매우 유사하며 같은 고민이 많이 녹아 있습니다. 요청을 초 단위로 제한할지 혹은 분 단위로 제한할지 결정할 수 있으며 빈도 제한에 도달하면 이력이 로그에 기록됩니다. 예시에는 적용되지 않았지만 `limit_req_log_level` 지시자는 빈도 제한 초과에 대한 로그 레벨을 결정합니다. 기본값은 오류error이지만 정보info, 공지notice, 혹은 경고warn로 변경해 로그를 얼마나 상세히 남길지 결정할 수 있습니다. 엔진엑스 플러스는 클러스터 단위로 빈도 제한을 설정할 수 있습니다. 보다 자세한 내용은 **12.5 '상태 공유와 영역 동기화'**를 참조하기 바랍니다.

빈도 제한이 잘 적용되는지 시험하기는 쉽지 않습니다. 시험 환경에서 실제 트래픽을 재현하기는 매우 어렵습니다. 시험하려면 `limit_conn_dry_run` 지시자를 `on`으로 설정하고 `$limit_conn_status` 변숫값을 로그에 남깁니다. `$limit_conn_status` 변숫값은 `PASSED`, `REJECTED`, `REJECTED_DRY_RUN` 중 하나가 됩니다. 모의 시험이 활성화돼 있다면 수집된 로그를 통해 실제 트래픽을 분석하고, 설정하려는 빈도 제한 수치가 적절한지 실제 서비스 환경 적용 전에 확인해볼 수 있습니다.

3.7 전송 대역폭 제한하기

문제 서비스 리소스의 부하를 막기 위해 사용자당 다운로드 대역폭을 제한하기

해결 엔진엑스가 제공하는 `limit_rate`와 `limit_rate_after` 지시자를 사용해 사용자에 대한 응답 대역폭을 제한합니다.

```
location /download/ {
        limit_rate_after 10m;
        limit_rate 1m;
}
```

10 옮긴이_ 규모가 큰 공격으로, 임의의 문자열을 순차적, 반복적으로 입력해 암호화된 정보를 해독하지 않고 원래 비밀번호를 알아냅니다.

이 location 블록을 설정함으로써 /download/ 경로로 시작하는 URI에 대해 누적 전송량이 10메가바이트를 초과하면 초당 1메가바이트를 넘지 않도록 제한합니다. 대역폭 제한은 개별 연결에 적용되는 설정이므로 연결 수와 함께 전송 대역폭을 제한할 필요가 있습니다.

논의 연결 단위로 전송 대역폭을 제한해 엔진엑스가 설정에서 지정한 대로 업로드 대역폭을 모든 사용자가 나눠 쓰게 할 수 있습니다. 대역폭을 제한하는 데는 limit_rate_after와 limit_rate 지시자를 사용합니다. 두 지시자 모두 http, server, location 컨텍스트와 location 블록 내부에 위치한 if 문 등 다양한 곳에서 사용할 수 있습니다. 지시자를 사용하지 않고 $limit_rate 변수로도 설정할 수 있음을 기억해둡시다.

limit_rate_after 지시자는 특정 연결에서 지정된 양만큼 데이터가 전송되지 않았으면 대역폭이 제한되지 않도록 합니다. limit_rate 지시자는 초당 전송량을 매개변수로 사용하며, 사용된 모듈과 블록에 따라 지정된 수치에 맞춰 대역폭을 제한합니다. 두 지시자 모두 단위로 메가바이트megabyte를 뜻하는 m이나 기가바이트gigabyte를 뜻하는 g 등을 사용합니다. 기본값은 0이며 값을 설정하지 않으면 대역폭이나 누적 전송량 제한이 없습니다. 이 모듈을 사용해 프로그래밍적으로 사용자의 대역폭을 제한할 수 있습니다.

CHAPTER 4

대규모 확장 가능한 콘텐츠 캐싱

4.0 소개

캐싱caching은 미래에 다시 제공해야 하는 응답을 저장해뒀다가 빠르게 콘텐츠를 제공하는 방법입니다. 콘텐츠 캐싱은 업스트림 서버가 동일한 요청에 대해 계산이나 질의를 반복적으로 수행하지 않도록 전체 응답을 저장함으로써 업스트림 서버의 부하를 낮춥니다. 캐싱을 통해 성능을 높이고 부하를 낮추면 더 적은 리소스로도 더 빠르게 콘텐츠를 제공할 수 있으며, 캐싱 서버를 전략적인 위치에 확대, 분산 배치해 사용자 경험을 개선할 수 있습니다. 또한 캐싱을 통해 콘텐츠 제공시 필요한 서버 리소스와 네트워크 대역폭을 절감해 줍니다. 사용자에게 최고의 성능을 보장하려면 콘텐츠가 사용자 가까이에서 제공돼야 합니다. 이를 위해 사용자 가까이에 있는 서버에 콘텐츠를 캐시할 수 있으며, 이는 콘텐츠 전송 네트워크content delivery network(CDN) 사업자가 사용하는 전략이기도 합니다. 엔진엑스를 사용하면 엔진엑스 서버가 배치된 모든 곳에 콘텐츠를 캐시할 수 있어 효과적으로 자신만의 CDN을 만들 수 있습니다. 엔진엑스 캐싱을 통해 수동적으로 콘텐츠를 캐싱할 뿐 아니라 업스트림 서버에 문제가 생기면 캐싱된 응답으로 사용자에게 콘텐츠를 제공할 수 있습니다. 다만 캐싱 기능은 `http` 컨텍스트 내에서만 사용할 수 있다는 점에 유의합시다. 이번 장에서는 엔진엑스의 캐싱과 콘텐츠 전송 기능을 살펴봅니다.

4.1 캐시 영역

문제 콘텐츠를 캐시하고 캐시를 어디에 저장할지 결정하기

해결 proxy_cache_path 지시자를 사용해 공유 메모리 캐시 영역을 정의하고 콘텐츠 위치를 지정합니다.

```
proxy_cache_path /var/nginx/cache
                 keys_zone=main_content:60m
                 levels=1:2
                 inactive=3h
                 max_size=20g
                 min_free=500m;
proxy_cache main_content;
```

예시는 캐시 응답을 저장하기 위해 /var/nginx/cache 디렉터리를 생성하고 메모리에 main_content라는 공유 메모리 영역을 60메가바이트 크기로 생성합니다. 또한 디렉터리 구조의 레벨level을 지정하며 캐시 후 3시간 동안 해당 응답에 대한 요청이 없으면 캐시를 제거합니다. max_size 매개변수는 캐시 영역의 크기가 20기가바이트를 넘지 않도록 지정하고, min_free 매개변수는 엔진엑스가 캐시를 제거하지 않기 위해 최소한으로 확보해야 하는 여유 공간 크기를 지정합니다. 그리고 proxy_cache 지시자는 어떤 캐시 영역을 사용할지 지정합니다. proxy_cache_path는 http 컨텍스트에서만 유효하며 proxy_cache 지시자는 http, server, location 컨텍스트에서 사용 가능합니다.

논의 엔진엑스에 캐싱을 설정하려면 캐시를 저장할 경로와 캐시 영역을 지정합니다. 캐시 영역은 proxy_cache_path 지시자를 통해 생성합니다. proxy_cache_path는 캐시 정보를 저장할 위치와 활성화된 캐시 키 및 응답에 대한 메타데이터 정보를 저장할 공유 메모리 영역을 지정합니다. 옵션 매개변수를 사용하면 캐시를 어떻게 관리하고 접근할지에 대한 추가 제어도 가능합니다. levels 매개변수는 캐시 파일을 저장할 디렉터리 구조를 어떻게 생성할지 정의합니다. 서브디렉터리 이름의 길이를 콜론으로 구분해 지정하며 최대 3단계의 서브디렉터리를 생성할 수 있습니다. 디렉터리의 단계를 높이면 단일 디렉터리에 너무 많은 파일이 캐시되는 것을 피할 수 있습니다. 엔진엑스는 해시 형태의 캐시 키를 기반으로 콘텐츠를 캐시합니다. 그리고 levels에 정의된 디렉터리 구조를 생성하고 캐시 키를 파일 경로로 해서 결과를 저장합니

다.[1] inactive 매개변수는 마지막 요청 이후 오랫동안 요청되지 않더라도 캐시를 보관할 기간을 결정합니다.[2] 저장 가능한 캐시의 총 용량은 max_size 매개변수로 설정합니다. 다른 매른 매개변수들은 여러가지 옵션과 함께 디스크에 저장된 캐시 파일의 캐시 키를 공유 메모리 영역으로 읽어들이는 캐시 로딩 프로세스와 관련되어 있습니다.

4.2 해시 키 값 캐시

문제 콘텐츠를 어떻게 캐시하고 다시 불러올지 제어하기

해결 proxy_cache_key 지시자와 변수를 사용해 캐시 적중hit과 실패miss 기준을 정의합니다.

```
proxy_cache_key "$host$request_uri $cookie_user";
```

예시는 엔진엑스가 요청된 페이지를 캐시로 저장할 때 요청 호스트명, URI, 쿠키값으로 사용자마다 서로 다른 해시를 생성해 캐시 키로 사용하도록 합니다. 이를 통해 동적인 페이지를 캐시하지만 다른 사용자의 콘텐츠가 잘못 전달되지 않도록 합니다.

논의 proxy_cache_key의 기본값은 "$scheme$proxy_host$request_uri"로 일반적으로 무난하게 사용할 수 있습니다. $scheme은 HTTP나 HTTPS 값을 가지며 proxy_host는 요청을 보낼 업스트림 호스트 값을 갖습니다. request_uri는 요청의 세부 경로를 나타냅니다. 즉, 셋을 합친 값은 엔진엑스가 요청을 위임받은 URL입니다. 그 외에도 애플리케이션에 대한 요청을 구분하기 위한 쿼리스트링, 헤더, 세션 식별자 등 여러 요소가 있으며 이 값들을 활용해 직접 해시 키를 구성할 수 있습니다. 이와 같이 엔진엑스에서 사용 가능한 변수와 문자열의 다양한 조합을 활용해 캐시 키를 만들 수 있습니다.[3]

해시 키 선택은 매우 중요하므로 애플리케이션에 대한 이해를 바탕으로 좋은 해시 키를 선택해야 합니다. 정적인 콘텐츠에서 사용할 캐시 키는 보통 직관적으로 어렵지 않게 선택할 수 있

---

1 옮긴이_ 예시처럼 levels=1:2를 지정하면 /var/nginx/cache/c/29/b7f54b2df7773722d382f4809d65029c 같은 형태로 캐시가 저장됩니다. 첫 번째 서브디렉터리는 한 글자, 두 번째 서브디렉터리는 두 글자로 지정했으므로 /c/29/ 형태로 디렉터리 구조가 생성됩니다.

2 옮긴이_ 타임 투 리브(Time to Live, TTL)로 생각해도 무방합니다.

3 옮긴이_ 공식 문서(*https://oreil.ly/1ulD5*)에서 엔진엑스 변수 목록을 참고하기 바랍니다.

습니다. 호스트명과 URI만 사용해도 충분합니다. 반면에 대시보드 애플리케이션 화면처럼 어느 정도 변화가 있는 콘텐츠를 캐시할 때는 사용자의 애플리케이션 사용 방식이나 경험치 차이와 같은 정보가 필요합니다. 이러한 동적 콘텐츠를 캐싱할 때는 쿠키나 JWT 토큰과 같은 세션 식별자를 활용하는 것이 좋습니다. 다만 특정 사용자의 동작을 통해 캐시된 콘텐츠를 상황에 대한 충분한 이해 없이 다른 사용자에게 제공하면 보안 문제를 야기할 수 있습니다. proxy_cache_key 지시자는 어떤 문자열을 해시해 캐시 키로 사용할지 설정합니다. proxy_cache_key는 http, server, location 블록 컨텍스트에서 사용할 수 있으며 사용자 요청을 어떻게 캐시할지 유연하게 제어하도록 해줍니다.

4.3 캐시 락

문제 캐시 업데이트중인 리소스에 대한 동시 요청 제어하기

해결 proxy_cache_lock 지시자는 동일한 리소스에 대한 요청이 여러 개 들어오면 한 번에 하나의 요청을 통해서만 캐시가 만들어지도록 합니다. 캐시가 만들어지는 동안 수신된 요청은 가장 먼저 도착한 요청으로 캐시가 생성될 때까지 처리되지 않고 대기하며, 캐시가 생성되면 해당 캐시를 이용합니다.

```
proxy_cache_lock on;
proxy_cache_lock_age 10s;
proxy_cache_lock_timeout 3s;
```

논의 동일한 콘텐츠에 대해 먼저 도착한 요청이 업스트림으로부터 콘텐츠를 가져와 캐싱하는 동안 나중에 도착한 요청을 업스트림으로 전달하지 않도록 구성하고 싶습니다. proxy_cache_lock 지시자를 on으로 설정하면 생성 중인 캐시에 대해 동일한 요청이 들어와도 엔진엑스가 요청을 처리하지 않고 캐시 생성이 완료될 때까지 기다립니다. 캐시는 proxy_cache_lock_age 지시자에 지정된 시간(기본값은 5초) 내에 생성돼야 하며, 시간이 초과되면 대기 중인 다른 요청을 업스트림 서버로 보내 응답 결과 캐시를 다시 시도합니다. 반면에 proxy_cache_lock_timeout 지시자는 지정된 시간(기본값은 5초) 내에 캐시 생성이 완료되지 못하면 다

른 요청을 업스트림 서버로 보내 필요한 콘텐츠를 가져오게 하되 캐시는 생성하지 않도록 해줍니다. 비슷해 보이는 두 지시자의 차이를 다시 설명하면, proxy_cache_lock_age는 '캐시 생성이 너무 오래 걸리는군. 내가 대신 캐시를 만들어줄게'라는 동작을 수행하는 반면 proxy_cache_lock_timeout은 '캐시 생성이 너무 오래 걸리는군. 나는 업스트림 서버에서 필요한 콘텐츠를 가져올 테니 너는 계속 캐시를 생성하도록 해'라는 의미입니다.

4.4 오래된 캐시 활용

문제 업스트림 서버가 제대로 응답하지 못할 때 이미 만료된 캐시로 응답하기

해결 어떤 경우에 엔진엑스가 만료된 캐시를 이용할 수 있는지 proxy_cache_use_stale 지시자를 이용해 지정합니다.

```
proxy_cache_use_stale error timeout invalid_header updating
  http_500 http_502 http_503 http_504
  http_403 http_404 http_429;
```

논의 애플리케이션이 제대로 응답하지 못할 때 만료된 캐시라도 제공하는 엔진엑스의 기능은 큰 도움이 됩니다. 이 기능은 사용자 입장에서 봤을 때 백엔드 서버에 문제가 발생했더라도 웹 서비스가 정상적으로 제공되는 것처럼 만들어 줍니다. 만료된 콘텐츠를 계속 제공하는 기능은 엔지니어링 팀이 백엔드 서버의 이슈를 해결할 수 있는 시간을 확보해 준다는 관점에서도 의미가 있습니다.

이 설정은 업스트림 서버에서 타임아웃이 발생하거나 invalid_header 오류를 응답했을 때, 혹은 40대나 500대의 응답 코드를 보낸 경우에 만료된 캐시를 응답하게 해줍니다. error, updating 매개변수는 특별한 용도로 사용되는 매개변수입니다. error 매개변수는 업스트림 서버를 특정할 수 없을 때 만료된 캐시를 사용하도록 해줍니다. updating 매개변수는 만료된 리소스가 업데이트되고 있는 경우 새로운 콘텐츠를 사용하도록 엔진엑스에게 지시를 내려줍니다.

함께 보기

- 엔진엑스의 proxy_cache_use_stale 공식 문서: *https://oreil.ly/GBHRS*

4.5 캐시 우회

문제 필요한 경우 캐시를 사용하지 않고 우회하기

해결 proxy_cache_bypass 지시자를 비어 있지 않은 값이나 0이 아닌 값으로 지정해 캐시를 우회합니다. 대표적인 방법으로, 캐시하고 싶지 않은 location 블록 내에서 지시자의 매개변수로 사용된 특정 변숫값을 빈 문자열이나 0이 아닌 어떤 값으로든 설정합니다.

```
proxy_cache_bypass $http_cache_bypass;
```

이 설정은 cache-bypass라는 HTTP 요청 헤더값이 0이 아닐 때 엔진엑스가 캐시를 우회하도록 합니다. 캐시를 우회할지 판단하기 위해 특정 헤더값을 변수로 사용하며 사용자는 캐시 우회가 필요하면 이 헤더를 요청에 포함해야 합니다.

논의 서비스를 운영하다 보면 요청한 콘텐츠를 캐시하지 말아야 하는 다양한 상황에 맞닥뜨립니다. 이때 proxy_cache_bypass 지시자의 매개변수를 비어 있지 않은 값이나 0이 아닌 값으로 할당하면 요청에 대한 응답을 캐시에서 가져오지 않고 업스트림 서버로부터 받아 사용자에게 전달합니다. 캐시를 우회하는 데 사용하는 방법은 애플리케이션 사용 방식에 따라 다를 수 있습니다. 간단히 요청 헤더나 응답 헤더를 사용하기도 하지만, 맵map 블록을 여러 개 사용해 복잡하게 구현하는 방법도 있습니다.

캐시를 우회하는 이유는 다양하며 트러블슈팅과 디버깅이 대표적입니다. 캐시된 페이지가 계속 응답되거나 사용자를 특정하도록 설정된 캐시 키를 사용하면 문제 상황을 재현하기가 어렵습니다. 따라서 캐시를 그대로 두고 업스트림 서버로 우회할 방법을 확보하는 일이 매우 중요합니다. 물론 특정 쿠키와 헤더 값, 쿼리스트링이 존재할 때 캐시 우회만이 유일한 방법은 아닙니다. location 블록과 같이 주어진 컨텍스트 내에서 proxy_cache 지시자를 off로 설정함으로써 캐시 기능을 완전히 끄는 방법도 좋은 선택입니다.

4.6 캐시 퍼지(엔진엑스 플러스)

문제 캐시된 콘텐츠를 무효화invalidate하기

해결 엔진엑스 플러스의 퍼지purge 기능을 사용하고 proxy_cache_purge 지시자에 비어 있지 않은 값이나 0이 아닌 값을 할당합니다.

```
map $request_method $purge_method {
        PURGE 1;
        default 0;
}

server {
        # ...
        location / {
                # ...
                proxy_cache_purge $purge_method;
        }
}
```

예시는 HTTP 요청 메서드가 PURGE이면 요청된 리소스에 대한 캐시를 퍼지합니다. 다음은 main.js 파일을 퍼지하는 curl 명령의 예입니다.

```
$ curl -X PURGE http://www.example.com/main.js
```

논의 정적인 파일을 다룰 때는 일반적으로 파일 이름에 파일의 해시값을 사용합니다. 이렇게 하면 새로운 코드나 콘텐츠 배포 시 사용 중인 CDN이 변경된 URI를 기준으로 새로운 파일을 인식할 수 있습니다. 하지만 이 방식은 지정된 캐시 키 규칙에 따라 캐시하도록 설정된 동적 콘텐츠에는 잘 맞지 않습니다. 모든 캐시 시나리오는 캐시를 퍼지할 방법이 있어야 합니다. 엔진엑스 플러스는 캐시된 업스트림 서버의 응답을 퍼지하는 간단한 방법을 제공합니다. proxy_cache_purge 지시자는 0 혹은 임의의 값이 할당되면 조건에 맞는 요청의 캐시를 퍼지합니다. 퍼지 기능을 사용하려면 예시처럼 간단히 PURGE 요청 메서드를 사용합니다. 다만 실제로는 geoip 모듈이나 사용자 인증 방법을 함께 사용해 아무나 함부로 캐시를 삭제하지 못하게 해야 합니다. 엔진엑스는 와일드카드(*)를 사용해 URI 접두어가 같은 캐시를 퍼지할 수 있습니다. 와일드카드를 퍼지에 사용하려면 proxy_cache_path 지시자에 purger=on 인수를 할당합니다.

함께 보기

- 엔진엑스 캐시 퍼지 예제: *https://oreil.ly/lwmEc*

4.7 캐시 분할

문제 용량이 큰 리소스를 작은 조각으로 나눠 저장해 캐시 효율 높이기

해결 엔진엑스의 slice 지시자와 내장 변수를 사용해 캐시 결과를 작은 조각으로 나눕니다.

```
proxy_cache_path /tmp/mycache keys_zone= mycache:10m;

server {
       # ...
       proxy_cache mycache;
       slice 1m;
       proxy_cache_key $host$uri$is_args$args$slice_range;
       proxy_set_header Range $slice_range;
       proxy_http_version 1.1;
       proxy_cache_valid 200 206 1h;

       location / {
              proxy_pass http://origin:80;
       }
}
```

논의 이 설정은 캐시 영역을 정의하고 활성화합니다. 이후 slice 지시자를 사용하면 엔진엑스가 업스트림 서버의 응답을 1메가바이트 크기 파일 조각으로 나눕니다. 나눠진 파일들은 proxy_cache_key 지시자에 지정된 규칙에 따라 저장됩니다. 예시에서 사용한 $slice_range 내장 변수에 주목해봅시다. proxy_set_header 지시자를 사용해 원본 서버origin server[4]로 요청을 보낼 때 Range 헤더를 추가하고 헤더값으로 $slice_range 변숫값을 쓰도록 지정합니다.

4 옮긴이_ 일반적으로 프록시 서버에서는 백엔드 서버를 업스트림 서버라 부르지만 CDN이나 캐시 서버 관점에서 이야기할 때는 원본 서버라 부릅니다.

이렇게 설정하면 HTTP의 바이트 레인지byte range 요청을 사용할 수 있습니다. 다만 HTTP 1.1 버전부터 지원되는 기능이므로 `proxy_http_version` 지시자를 사용해 프로토콜 버전을 업그레이드해야 합니다. 캐시가 `200`과 `206` 응답에 한해 1시간 동안 유효하도록 `proxy_cache_valid` 지시자를 사용하며 이후에 `location` 블록과 원본 서버를 정의합니다.

캐시 분할 모듈은 바이트 레인지를 사용하는 HTML5 비디오를 위해 개발됐습니다. 바이트 레인지를 사용하면 콘텐츠를 브라우저로 스트리밍과 유사하게[5] 전달할 수 있습니다. 기본적으로 엔진엑스는 바이트 레인지 요청에 캐시된 콘텐츠를 제공합니다. 캐시되지 않은 콘텐츠에 대해 바이트 레인지 요청을 하면 엔진엑스는 원본 서버로부터 콘텐츠 전체를 가져오지만, 캐시 분할 모듈을 사용하도록 설정하면 필요한 파일 범위에 대해서만 원본 서버에 요청합니다. 분할 크기보다 큰 범위(전체 파일 전송 포함)에 대한 바이트 레인지 요청이 오면, 요청된 범위를 지정된 크기로 나눠 여러 개의 바이트 레인지 요청을 원본 서버로 보내고 콘텐츠를 캐시합니다. 모든 파일 조각이 캐시되면 사용자에게 보낼 응답을 만들어 엔진엑스가 보다 효율적으로 콘텐츠를 캐시하고 제공하도록 합니다.

캐시 분할 모듈은 변경되지 않고 용량이 큰 파일에만 적용해야 합니다. 엔진엑스는 원본으로부터 파일 조각을 받을 때마다 ETag 헤더값을 이용해 변경 유무를 검사합니다. ETag 값이 변경되면 엔진엑스는 파일이 더는 유효하지 않다고 판단해 파일 조각에 대한 캐시 생성을 중지합니다. 콘텐츠가 자주 변경되고 파일이 아주 크지 않을 때나 원본 서버가 캐시가 채워지는 동안 밀려드는 요청을 처리할 만큼 용량이 충분하다면 4.3절에 소개한 것처럼 `proxy_cache_lock` 지시자를 쓰는 것이 좋습니다(**'함께 보기'** 참조). 보다 자세한 내용은 '함께 보기'의 링크를 참조하기 바랍니다.

함께 보기

- 엔진엑스 블로그 게시글 '엔진엑스와 엔진엑스 플러스를 사용한 스마트하고 효율적인 바이트 레인지 캐싱 Smart and Efficient Byte-Range Caching with NGINX & NGINX Plus': *https://oreil.ly/6Nkxs*

5 옮긴이_ HTTP 프로토콜의 바이트 레인지 요청으로 용량이 큰 비디오 파일을 작은 파일로 쪼개어 전송하는 방식은 사실상 스트리밍은 아니지만 스트리밍처럼 동작하게 할 수 있으므로 가짜 스트림(pseudostream)이라 부릅니다.

CHAPTER 5

프로그래머빌리티와 자동화

5.0 소개

프로그래머빌리티programmability란 프로그래밍을 통해 상호 작용을 하는 능력입니다. 엔진엑스 플러스 API가 HTTP 인터페이스를 통해 엔진엑스 플러스 설정과 상호 작용을 하고 동작을 제어하는 것도 같은 맥락입니다. 엔진엑스 플러스 API는 HTTP 요청을 통해 업스트림 서버를 추가하거나 삭제함으로써 엔진엑스 플러스를 재설정하게 해줍니다. 엔진엑스 플러스가 제공하는 키-값 저장소는 HTTP 호출을 통해 엔진엑스 플러스에 정보를 주입하고 업스트림 경로나 트래픽을 제어해 한 단계 높은 수준의 동적인 설정 변경이 가능하도록 합니다. 이 장에서는 엔진엑스 플러스 API를 알아보고 API를 통해 키-값 저장소를 다루는 방법을 살펴봅니다.

설정 관리 도구는 클라우드 시대에 매우 귀중한 유틸리티로, 서버 설치와 설정을 자동화합니다. 따라서 대규모 웹 애플리케이션을 다루는 엔지니어가 직접 서버 설정을 만지지 않고 널리 사용되는 설정 관리 도구를 선택해 사용할 수 있습니다. 도구를 통해 한 번 작성된 설정과 코드를 수많은 서버에 반복적으로 시험할 수 있으면서도 모듈화된 방식으로 배포할 수 있게 됐습니다. 이 장에서는 가장 인기 있는 설정 관리 도구를 소개하고, 도구를 통해 엔진엑스를 설치하고 기본 설정을 템플릿화하는 방법을 살펴봅니다. 이어서 소개할 예시들은 각 플랫폼에서 엔진엑스를 어떻게 기동하는지 보여줍니다.

5.1 엔진엑스 플러스 API

문제 동적인 인프라 환경에서 엔진엑스 플러스를 즉시 재설정하기

해결 엔진엑스 플러스 API가 API 호출을 통해 서버를 추가하거나 삭제하도록 설정합니다.

```
upstream backend {
    zone http_backend 64k;
}

server {
    # ...
    # 엔진엑스 플러스 API를 사용할 수 있도록
    # /api/ 경로에 대해 적절한 접근 제어를 활성화합니다.
    location /api {
    # 읽기 전용 경로로 만드려면 write=off를 설정합니다.
        api     [write=on];
        # API에 대한 접근 제한 지시자는 7장에서 자세히 다룹니다.
    }

    # 엔진엑스 플러스 대시보드 경로를 활성화합니다.
    # 대시보드가 정상적으로 동작하려면 /api/ 경로에 대해서도
    # 적절한 원격 접근 제어가 활성화되어야 합니다.
    location = /dashboard.html {
        root      /usr/share/nginx/html;
    }
}
```

이 설정은 공유 메모리 영역을 사용하는 업스트림 서버를 생성하고 `/api` 경로에 대한 `location` 블록을 통해 API를 활성화하며 엔진엑스 플러스 대시보드 접근을 위한 `location` 블록을 구성합니다.

서버가 사용 가능해지면 API를 통해 업스트림 서버로 추가할 수 있습니다.

```
$ curl -X POST -d '{"server":"172.17.0.3"}' \
  'http://nginx.local/api/9/http/upstreams/backend/servers/'
{
    "id":0,
    "server":"172.17.0.3:80",
```

```
        "weight":1,
        "max_conns":0,
        "max_fails":1,
        "fail_timeout":"10s",
        "slow_start":"0s",
        "route":"",
        "backup":false,
        "down":false
}
```

예시의 `curl` 명령은 엔진엑스 플러스의 업스트림 서버 설정에 새로운 서버를 추가합니다. HTTP `POST` 메서드를 사용했으며 `-d` 옵션으로 JSON 객체를 요청의 바디로 전송해 JSON 형식 응답을 받았습니다. 엔진엑스 플러스가 보낸 JSON 응답은 요청한 서버 객체에 대한 설정값입니다. 새로운 `id` 값이 생성되고 여러 항목이 기본값으로 설정됐습니다.

엔진엑스 플러스 API는 RESTful하므로 요청 URI에 필요한 매개변수가 모두 기술돼 있습니다. URI의 형식은 다음과 같습니다.

```
/api/{version}/http/upstreams/{httpUpstreamName}/servers/
```

이번에는 업스트림 서버 풀에 포함된 모든 서버를 알려주는 API를 호출해봅니다.

```
$ curl 'http://nginx.local/api/9/http/upstreams/backend/servers/'
[
        {
                "id":0,
                "server":"172.17.0.3:80",
                "weight":1,
                "max_conns":0,
                "max_fails":1,
                "fail_timeout":"10s",
                "slow_start":"0s",
                "route":"",
                "backup":false,
                "down":false
        }
]
```

이 curl 명령을 사용하면 엔진엑스 플러스는 이름이 backend인 업스트림 서버 풀에 포함된 모든 서버 목록을 가져옵니다. 앞선 예시에서 curl 명령으로 추가한 서버 한 대가 풀에 포함됐습니다. 이 API로 설정 가능한 모든 옵션값이 포함된 업스트림 서버 객체 정보를 확인합니다.

업스트림 풀에서 서버를 제외하려면 해당 서버의 연결이 모두 종료돼야 하며 다음 예시처럼 엔진엑스 플러스 API를 이용해 서버의 연결을 점진적으로 종료할 수 있습니다. 연결을 점진적으로 감소하는 방법은 **2.8 '커넥션 드레이닝'**을 참조하기 바랍니다.

```
$ curl -X PATCH -d '{"drain":true}' \
  'http://nginx.local/api/9/http/upstreams/backend/servers/0'
{
      "id":0,
      "server":"172.17.0.3:80",
      "weight":1,
      "max_conns":0,
      "max_fails":1,
      "fail_timeout":"10s",
      "slow_start":"0s",
      "route":"",
      "backup":false,
      "down":false,
      "drain":true
}
```

이 curl 명령은 PATCH 메서드를 사용하며 JSON 바디를 통해 특정 서버의 연결을 감소하도록 지시합니다. 대상 서버 ID는 URI의 마지막에 포함되며, 서버 ID는 앞선 curl 명령 예시에서 살펴봤듯 업스트림 풀의 서버 목록을 통해 확인할 수 있습니다.

엔진엑스 플러스는 API를 통해 전달된 명령을 수행하며 해당 서버의 연결은 점차 감소합니다. 이 절차는 애플리케이션이 사용하는 세션 수에 따라 처리 시간이 길어질 수 있습니다. curl을 통해 드레인drain API를 호출한 후 업스트림 서버가 맺은 활성 연결 현황을 보려면 다음 명령으로 active 속성값을 확인합니다.

```
$ curl 'http://nginx.local/api/9/http/upstreams/backend'
{
      "zone":"http_backend",
      "keepalive":0,
      "peers": [
```

```
            {
                    "backup":false,
                    "id":0,
                    "unavail":0,
            "name":"172.17.0.3",
            "requests":0,
            "received":0,
            "state":"draining",
            "server":"172.17.0.3:80",
            "active":0,
            "weight":1,
            "fails":0,
            "sent":0,
            "responses": {
                    "4xx":0,
                    "total":0,
                    "3xx":0,
                    "5xx":0,
                    "2xx":0,
                    "1xx":0
            },
            "health_checks": {
                    "checks":0,
                    "unhealthy":0,
                    "fails":0
            },
            "downtime":0
            }
        ],
        "zombies":0
}
```

마침내 모든 연결이 종료되면 다음 엔진엑스 플러스 API로 해당 서버를 업스트림 서버 풀에서 제외합니다.

```
$ curl -X DELETE 'http://nginx.local/api/9/http/upstreams/backend/servers/0'
[]
```

예시에서 `curl` 명령은 `DELETE` 메서드를 사용하며 URI는 연결 상태를 확인할 때 사용한 것과 동일합니다. `DELETE` 메서드는 엔진엑스가 서버를 풀에서 제외하도록 합니다. 이 API 호출은 아직 모든 연결이 종료되지 않은 서버와 서버의 ID 값을 응답 바디로 전송합니다. 예시에서는 서버가 한 대도 할당되지 않은 빈 서버 풀에서 시작해 API로 서버를 추가하고, 연결을 감소하고, 마지막으로 서버를 삭제했으므로 서버 풀은 다시 비게 됩니다.

논의 엔진엑스 플러스 API는 동적으로 애플리케이션 서버를 업스트림 서버 풀에 넣거나 제외할 수 있습니다. 서버가 활성화되면[1] 서버 풀에 유효 서버로 등록되며 엔진엑스는 사용자 요청을 새롭게 활성화된 서버로 보내기 시작합니다. 서버를 풀에서 제외하려면 먼저 엔진엑스 플러스가 해당 서버의 연결을 감소하도록 하고, 서버가 종료되기 전에 업스트림 서버 풀에서 제외하면 됩니다. 이처럼 API 호출을 통해 자동화를 할 수 있으며 운영자 개입 없이 서버 풀을 수평적으로 확장하거나 축소할 수도 있습니다.

함께 보기

- 엔진엑스 플러스 REST API 공식 문서: *https://oreil.ly/BsdN5*

5.2 키-값 저장소 사용하기(엔진엑스 플러스)

문제 애플리케이션으로 들어오는 요청을 기반으로 엔진엑스 플러스가 동적으로 트래픽 관리에 대한 의사 결정하기

해결 이 절에서는 트래픽 관리에 대한 의사 결정으로 동적인 차단리스트blocklist를 사용하는 예시를 살펴봅니다.

엔진엑스 클러스터에 대한 키-값 저장소와 API를 설정하고 저장소에 키와 값을 추가합니다.

```
keyval_zone zone=blocklist:1M;
keyval $remote_addr $blocked zone=blocklist;

server {
      # ...
      location / {
```

1 옮긴이_ 설정된 헬스 체크가 성공해 서비스에 투입되는 시점.

```
            if ($blocked) {
                return 403 'Forbidden';
            }
            return 200 'OK';
        }
}

server {
        # ...
        # API에 대한 접근 제한 지시자는 7장에서 자세히 다룹니다.
        location /api {
            api write=on;
        }
}
```

예시에서는 엔진엑스 플러스가 keyval_zone 지시자를 사용해 blocklist라는 공유 메모리 영역을 만들고 용량 제한을 1메가바이트로 설정합니다. keyval 지시자는 $remote_addr 값과 일치하는 키가 있으면 키값을 $blocked 변수에 저장합니다. 이렇게 정의된 새로운 변수는 엔진엑스 플러스가 '403 Forbidden'을 응답할지 혹은 요청된 리소스를 응답할지 결정하는 데 사용합니다.

이 설정으로 엔진엑스 플러스를 실행한 후 curl 명령으로 로컬 서버를 호출하면 아직 로컬 환경의 IP 주소가 blocklist 저장소에 등록되지 않았기 때문에 정상 응답을 받습니다.

```
$ curl 'http://127.0.0.1/'
OK
```

이제 API를 호출해 blocklist 저장소에 로컬 호스트 주소를 1이라는 값으로 추가해봅니다.

```
$ curl -X POST -d '{"127.0.0.1":"1"}' 'http://127.0.0.1/api/9/http/keyvals/blocklist'
```

이 curl 명령은 POST 메서드를 통해 blocklist 공유 메모리 영역에 추가할 키-값 객체를 JSON 형태로 전송합니다. 키-값 저장소에 접근하기 위한 API URI는 다음과 같습니다.

```
/api/{version}/http/keyvals/{httpKeyvalZoneName}
```

이제 로컬 호스트 IP 주소는 blocklist 키-값 저장소에 1로 저장됐습니다. 엔진엑스 플러스는 이후 수신되는 요청의 $remote_addr 값이 키-값 저장소에 저장돼 있는지 찾아보고 해당하는 키가 있으면 값을 $blocked 변수에 지정합니다. 이 변수는 if 구문에서 활용됩니다. 변수에 값이 지정돼 있다면 if 구문은 참으로 판정되고 엔진엑스 플러스는 요청에 '403 Forbidden'을 응답합니다.

```
$ curl 'http://127.0.0.1/'
Forbidden
```

등록된 키-값을 갱신update하거나 삭제하려면 PATCH 메서드를 사용해 API를 호출합니다.

```
$ curl -X PATCH -d '{"127.0.0.1":null}' 'http://127.0.0.1/api/9/http/keyvals/blocklist'
```

키 값이 널null이면 키는 삭제되며, 이후 요청은 다시 '200 OK' 응답을 받습니다.

논의 엔진엑스 플러스에서만 제공되는 키-값 저장소는 애플리케이션이 엔진엑스 플러스에 필요한 정보를 전달하는 데 사용합니다. 앞서 살펴본 예시에서 동적으로 차단리스트를 생성하는 데 $remote_addr 변수를 사용했습니다. 엔진엑스 플러스에서 변수로 다룰 수 있는 값(예: 세션 쿠키)을 가진 키를 키-값 저장소에 저장해 엔진엑스 플러스에 제공할 수 있습니다. 엔진엑스 플러스 R16 버전부터는 키-값 저장소가 클러스터 단위로 확대돼 엔진엑스 플러스 서버 한 대가 저장한 값을 클러스터 내 모든 서버가 함께 사용할 수 있습니다.

엔진엑스 플러스 R19 버전 이후에는 키-값 저장소에 자료형type이 도입돼 특정 형식의 키에 대해서 저장된 자료를 인덱싱할 수 있습니다. 자료형의 기본값은 string이며 ip나 prefix 같은 자료형도 제공됩니다. string 형식에 대해서는 인덱스가 생성되지 않으며 모든 키가 정확히 일치할 때만 값을 찾을 수 있습니다. 반면에 prefix 형식은 키의 일부만 일치해도 자료를 찾을 수 있습니다. ip 형식에는 CIDR 표기법을 사용할 수 있습니다. 앞선 예시에서 키-값 저장소의 키 형식을 ip로 지정했다면 차단할 사용자 IP에 RFC1918에서 지정된 사설 대역의 CIDR 표기인 192.168.0.0/16이나 localhost에서 흔히 사용되는 127.0.0.1/32를 사용해도 같은 결과를 얻습니다.

함께 보기

- 엔진엑스 블로그 게시글 '엔진엑스 플러스의 키-값 저장소를 이용한 동적인 대역폭 제한Dynamic Bandwidth Limits Using the NGINX Plus Key-Value Store': *https://oreil.ly/dzX6k*

5.3 njs 모듈로 엔진엑스 자바스크립트 기능 활용하기

문제 사용자 요청이나 응답 처리 시 사용자 정의 로직 수행하기

해결 엔진엑스 자바스크립트(njs) 모듈을 설치해 엔진엑스에서 자바스크립트를 사용하도록 활성화합니다. 다음 패키지 설치 명령들은 여러분이 이미 1장에서 설명한 엔진엑스 공식 저장소를 사용 중인 리눅스 환경에 맞춰 설정했다고 전제합니다.

APT 패키지 매니저로 엔진엑스 오픈 소스용 모듈 설치

```
$ apt install nginx-module-njs
```

APT 패키지 매니저로 엔진엑스 플러스용 모듈 설치

```
$ apt install nginx-plus-module-njs
```

YUM 패키지 매니저로 엔진엑스 오픈 소스용 모듈 설치

```
$ yum install nginx-module-njs
```

YUM 패키지 매니저로 엔진엑스 플러스용 모듈 설치

```
$ yum install nginx-plus-module-njs
```

엔진엑스 설정 파일 경로 내에 자바스크립트 리소스를 위한 디렉터리를 아직 만들지 않았다면 다음과 같이 생성합시다.

```
$ mkdir -p /etc/nginx/njs
```

만들어진 디렉터리에 /etc/nginx/njs/jwt.js라는 파일을 만들고 다음 내용을 입력합니다.

```
function jwt(data) {
    var parts = data.split('.').slice(0,2)
        .map(v=>Buffer.from(v, 'base64url').toString())
        .map(JSON.parse);
    return { headers:parts[0], payload: parts[1] };
}

function jwt_payload_subject(r) {
    return jwt(r.headersIn.Authorization.slice(7)).payload.sub;
}

function jwt_payload_issuer(r) {
    return jwt(r.headersIn.Authorization.slice(7)).payload.iss;
}

export default {jwt_payload_subject, jwt_payload_issuer}
```

이 자바스크립트 예시는 JSON 웹 토큰JSON Web Token(JWT)을 디코딩하는 함수와 이 함수를 이용해 JSON 웹 토큰에 포함된 특정 키를 획득하는 함수 두 개를 정의합니다. 키를 획득하는 두 함수는 엔진엑스에서 활용할 수 있도록 익스포트export 명령으로 노출합니다. 이 함수들은 JSON 웹 토큰으로부터 두 개의 공통키 subject와 issuer를 반환합니다. 코드의 .slice(7) 부분은 권한 헤더값Authorization header value에서 처음 일곱 개 문자를 제거합니다. JSON 웹 토큰을 사용할 때 타입 값은 Bearer이며, Bearer는 여섯 개 문자이지만 구분자로 사용하는 공백까지 감안해 총 일곱 개 문자를 잘라냅니다. AWS Cognito를 비롯한 몇몇 인증 서비스는 타입 정보를 제공하지 않으므로 JSON 웹 토큰의 순수한 토큰값만 취득할 수 있도록 이와 같은 코드로 불필요한 부분을 제거할 필요가 있습니다.

엔진엑스 기본 설정 파일에서 다음과 같이 njs 모듈 사용을 선언합니다. 모듈을 선언했으면 http 블록 내에서 사용할 자바스크립트 파일을 임포트해 사용할 수 있습니다.

```
load_module /etc/nginx/modules/ngx_http_js_module.so;

http {
    js_path "/etc/nginx/njs/";
    js_import main from jwt.js;
```

```
        js_set $jwt_payload_subject main.jwt_payload_subject;
        js_set $jwt_payload_issuer main.jwt_payload_issuer;
        ...
}
```

이 엔진엑스 설정은 동적으로 njs 모듈을 불러오고 앞서 작성한 자바스크립트 파일을 임포트합니다. 엔진엑스 지시자를 이용해 자바스크립트 함수가 반환한 값을 엔진엑스 변수에 설정합니다.

자바스크립트를 통해 설정된 값을 가진 변수들을 반환하는 server 블록을 정의합시다.

```
server {
        listen 80 default_server;
        listen [::]:80 default_server;
        server_name _;
        location / {
              return 200 "$jwt_payload_subject $jwt_payload_issuer";
        }
}
```

이 설정이 생성하는 서버는 클라이언트가 권한 헤더로 보낸 값에서 추출한 subject와 issuer 값을 반환합니다. 이 값들은 자바스크립트 코드를 통해 디코딩된 값들입니다.

코드가 잘 동작하는지 검증하려면 다음 내용을 포함하고 있는 JSON 웹 토큰 값을 요청에 담아 보냅니다. 다음과 같은 JSON 웹 토큰의 JSON 형태 값을 사용해 코드가 잘 동작하는지 검증해 봅니다.

```
{
        "iss":"nginx",
        "sub":"alice",
        "foo":123,
        "bar":"qq",
        "zyx":false
}
```

다음 명령으로 주어진 JSON 웹 토큰을 포함한 요청을 서버로 보내서 자바스크립트 코드가 정상적으로 동작하고 정확한 값을 반환하는지 검증합니다.

```
$ curl 'http://localhost/' -H \
"Authorization: Bearer eyJ0eXAiOiJKV1QiLCJhbGciOiJIUzI1\
NiIsImV4cCI6MTU4NDcyMzA4NX0.eyJpc3MiOiJuZ2lueCIsInN1YiI6Im\
FsaWNlIiwiZm9vIjoxMjMsImJhciI6InFxIiwie\
nl4IjpmYWxzZX0.Kftl23Rvv9dIso1RuZ8uHaJ83BkKmMtTwch09rJtwgk"

alice nginx
```

논의 엔진엑스가 제공하는 njs 모듈은 요청과 응답을 처리하는 동안 표준 자바스크립트를 사용할 수 있도록 해줍니다. 이 모듈을 통해 필요한 비즈니스 로직을 프록시 계층에서 처리할 수 있습니다. 자바스크립트로 이러한 작업을 할 수 있도록 한 것은 자바스크립트가 널리 사용되고 있기 때문입니다.

njs 모듈이 제공됨으로써 엔진엑스로 요청이 수신됐을 때뿐 아니라 엔진엑스가 클라이언트로 응답을 보낼 때도 로직을 주입할 수 있습니다. JWT 디코딩하는 예시에서 봤듯 요청이 프록시를 통과하는 동안 요청을 검증하고 조작할 수 있습니다. njs 모듈은 또한 업스트림 서비스의 응답 데이터도 자바스크립트 로직을 통해 조작한 후 클라이언트에게 응답할 수 있습니다. 게다가 스트림 서비스가 애플리케이션 계층에서 인식될 수 있도록 해줍니다(**'함께 보기'** 참조).

함께 보기

- njs 스크립트 언어 공식 문서: *https://oreil.ly/5NMAN*
- 엔진엑스 플러스 njs 모듈 설치하기: *https://oreil.ly/OHtC_*

5.4 상용 프로그래밍 언어로 엔진엑스 확장하기

문제 **상용 프로그래밍 언어를 이용해 사용자 정의 확장 기능 사용하기**

해결 사용자 정의 엔진엑스 모듈을 C언어로 밑바닥부터 만들기 전에 여러분의 사용 사례에 다른 프로그래밍 언어를 쓸 수 있는지 확인합시다. C언어는 확실히 강력하고 성능이 뛰어나지만 그 외에도 엔진엑스가 제공하는 다양한 프로그래밍 언어 모듈을 사용해 익숙한 언어로 사용자 정의 모듈을 만들 수 있습니다. 대표적으로 엔진엑스가 만든 자바스크립트 기반 스크립트인 엔진엑스 자바스크립트(njs)가 있으며 루아Lua와 펄Perl 모듈 또한 사용 가능합니다.

이러한 언어 모듈을 통해 코드가 작성된 파일을 불러오거나 엔진엑스 설정 내부에 직접 코드 블록을 작성합니다. 루아 스크립트를 사용하려면 먼저 루아 모듈을 설치하고 다음처럼 인라인 코드 블록 형태로 코드를 작성합니다.

```
load_module modules/ndk_http_module.so;
load_module modules/ngx_http_lua_module.so;

events {}

http {
        server {
                listen 8080;
                location / {
                        default_type text/html;
                        content_by_lua_block {
                                ngx.say("hello, world")
                        }
                }
        }
}
```

루아로 만들어진 모듈은 ngx라는 이름으로 제공되는 내장 객체를 가지며, 이를 통해 엔진엑스 API를 다룹니다. ngx 객체는 njs의 요청 객체와 마찬가지로 엔진엑스가 수신한 요청을 다루는 여러 속성과 메서드가 있으며 이는 응답을 만드는 데 사용됩니다.

펄 모듈이 설치돼 있다면 코드가 어떻게 엔진엑스 변수를 실행 환경에서 설정하는지 확인합니다.

```
load_module modules/ngx_http_perl_module.so;

events {}

http {
        perl_set $app_endpoint 'sub { return $ENV{"APP_DNS_ENDPOINT"}; }';
        server {
                listen 8080;
                location / {
                        proxy_pass http://$app_endpoint
```

```
            }
        }
    }
```

예시는 언어 모듈이 단순히 응답을 만들어내는 것을 넘어 더 많은 기능을 어떤 방식으로 수행하는지 보여줍니다. `perl_set` 지시자는 펄 스크립트가 반환한 데이터를 엔진엑스 변수에 저장합니다. 이 예시에서는 요청을 어떤 업스트림 서버로 보낼지 결정할 때 간단히 시스템 환경 변숫값을 사용합니다.

논의 엔진엑스 확장 기능의 능력은 무한합니다. 소스 코드를 직접 컴파일하면 엔진엑스에 C 언어 모듈을 포함할 수 있으며, 이를 통해 만들어진 커스텀 코드나 코드가 포함된 설정을 동적으로 불러와 엔진엑스 기능을 확장할 수 있습니다. 그리고 자바스크립트, 루아, 펄 문법과 기능을 제공하는 엔진엑스 모듈을 사용할 수 있습니다. 많은 경우 커스텀 엔진엑스 기능을 만들지 않고 이미 존재하는 모듈만 사용해도 충분합니다. 모듈에서 사용 가능한 여러 스크립트가 다양한 오픈 소스 커뮤니티에 이미 공개돼 있습니다.

이 절의 **'해결'**은 엔진엑스와 엔진엑스 플러스에서 사용할 수 있는 자바스크립트, 루아, 펄 스크립트의 기본 사용법을 보여줍니다. 응답을 만들거나 변숫값을 지정할 때 혹은 하위 요청을 만들어 보내거나 복잡한 재작성rewrite 규칙을 정의할 때 엔진엑스 모듈이 필요한 기능을 제공합니다.

함께 보기

- 엔진엑스 플러스 루아 모듈 설치하기: *https://oreil.ly/WUpBI*
- 엔진엑스 플러스 펄 모듈 설치하기: *https://oreil.ly/_ym5V*
- 엔진엑스 루아 모듈 설치하기: *https://oreil.ly/trDKl*
- 엔진엑스 펄 모듈 설치하기: *https://oreil.ly/V3dh0*

5.5 앤서블로 엔진엑스 설치하기

문제 코드를 통한 엔진엑스 설정 관리를 위해 앤서블Ansible을 사용해 엔진엑스를 설치 및 설정하고 기존 앤서블 설정을 수행하기

해결 앤서블 갤럭시Ansible Galaxy를 이용해 앤서블 엔진엑스 컬렉션collection을 설치합니다.

```
ansible-galaxy collection install nginxinc.nginx_core
```

설치한 NGINX 컬렉션과 엔진엑스 롤role을 이용해 앤서블 플레이북playbook을 작성합니다.

```
---
- hosts: all
  collections:
    - nginxinc.nginx_core
  tasks:
    - name: Install NGINX
      include_role:
        name: nginx
```

엔진엑스를 설정하기 위해 태스크task를 추가하고 **nginx_config** 롤을 이용해 여러분이 필요로 하는 동작을 엔진엑스가 수행하도록 기본 구성을 대치할 변수를 선언합니다.

```
    - name: Configure NGINX
      ansible.builtin.include_role:
        name: nginx_config
      vars:
        nginx_config_http_template_enable: true
        nginx_config_http_template:
          - template_file: http/default.conf.j2
            deployment_location: /etc/nginx/conf.d/default.conf
            config:
              servers:
              - core:
                  listen:
                    - port: 80
                  server_name: localhost
                log:
                  access:
                    - path: /var/log/nginx/access.log
                      format: main
                sub_filter:
                  sub_filters:
                    - string: server_hostname
                      replacement: $hostname
```

```
          once: false
        locations:
          - location: /
            core:
              root: /usr/share/nginx/html
              index: index.html

nginx_config_html_demo_template_enable: true
nginx_config_html_demo_template:
  - template_file: www/index.html.j2
    deployment_location: /usr/share/nginx/html/index.html
    web_server_name: Ansible NGINX collection
```

논의 앤서블은 파이썬으로 개발된 강력한 설정 관리 도구입니다. YAML 형식으로 태스크를 설정하고 Jinja2[2] 템플릿 언어를 사용해 파일을 템플릿화합니다. 유료 구독형 모델을 이용하면 서버 제품인 앤서블 오토메이션 플랫폼Ansible Automation Platform를 이용할 수 있습니다. 하지만 보통은 오픈 소스 버전을 로컬 머신에서 구동하거나 클라이언트에 직접 서버를 빌드해 단독으로 사용합니다. 앤서블은 SSH를 통해 서버에 접근하고 설정을 실행합니다. 다른 설정 관리 도구와 마찬가지로 앤서블의 다양한 롤이 공개된 앤서블 갤럭시 커뮤니티가 운영 중이며, 커뮤니티에서는 플레이북에서 사용할 수 있는 아주 복잡한 롤도 쉽게 찾을 수 있습니다.

이 솔루션은 엔진엑스를 설치하고 예제 설정을 생성하기 위해 F5가 관리하고 있는 여러가지 공개 롤을 이용했습니다. 예제에서 사용한 설정은 엔진엑스 데모용 HTML 파일을 템플릿으로 사용하여, 해당 파일을 `/usr/share/nginx/html/index.html`로 배포합니다. 또한 엔진엑스 설정 파일은 데모 HTML 파일을 제공하도록 설정된 단일 `location` 블록을 포함하는 `localhost:80` 주소로 요청을 수신하는 서버 블록을 만듭니다. 다만, 예시의 엔진엑스 설정 템플릿은 지나치게 포괄적으로 작성되어 있습니다. 따라서, `nginx_config` 롤을 이용해 미리 준비되고 관리되는 앤서블 설정이 주는 장점을 누릴 수 있도록 자신만의 템플릿을 만들어 보기 바랍니다. 이외에도 F5에서 관리하고 있는 WAF와 DoS 대비를 위한 엔진엑스 앱 프로텍트 모듈의 설정과 설치를 도와주는 엔진엑스 앱 프로텍트 롤도 참고하기 바랍니다.

2 옮긴이_ 파이썬에서 주로 사용되는 템플릿 언어로, 파이썬으로 개발된 앤서블에서도 템플릿 엔진으로 채택했습니다. 보다 자세한 내용은 Jinja2 공식 문서(*https://jinja.palletsprojects.com/en/3.0.x*)를 참고하기 바랍니다.

함께 보기

- 엔진엑스 공식 앤서블 컬렉션: *https://galaxy.ansible.com/nginxinc/nginx_core*
- 앤서블 공식 문서: *https://docs.ansible.com*

5.6 셰프로 엔진엑스 설치하기

문제 코드를 통한 엔진엑스 설정 관리를 위해 셰프Chef를 사용해 엔진엑스를 설치 및 설정하고 기존 셰프 설정을 수행하기

해결 셰프 슈퍼마켓Chef Supermarket에서 Sous Chefs가 관리하는 엔진엑스 쿡북을 설치합니다.

```
$ knife supermarket install nginx
```

이 쿡북은 리소스 기반으로, 여러분이 직접 쿡북을 만들 때 사용 가능한 셰프 리소스를 제공합니다. 이를 활용해 여러분의 필요에 맞는 쿡북을 만듭니다. 이 쿡북은 슈퍼마켓에서 설치한 nginx 쿡북에 대한 의존성을 포함합니다. 의존성이 설치됐다면 제공되는 리소스를 활용할 수 있습니다. 다음과 같이 엔진엑스를 설치하는 레시피를 만들어봅시다.

```
nginx_install 'nginx' do
      source 'repo'
end
```

source가 repo로 지정되면 F5에서 관리하는 저장소를 통해 최신 버전의 엔진엑스가 설치됩니다. 레시피에서 nginx_config 리소스를 사용하면 기본 엔진엑스 설정 파일을 덮어쓸 수 있습니다.

```
nginx_config 'nginx' do
      default_site_enabled true
      keepalive_timeout 65
      worker_processes 'auto'
      action :create
```

```
    notifies :reload, 'nginx_service[nginx]', :delayed
end
```

레시피에서 nginx_site 리소스를 사용해 엔진엑스 설정에 서버 블록을 만듭니다.

```
nginx_site 'test_site' do mode '0644'
    variables(
        'server' => {
            'listen' => [ '*:80' ],
            'server_name' => [ 'test.example.com' ],
            'access_log' => '/var/log/nginx/test_site.access.log',
            'locations' => {
                '/' => {
                    'root' => '/var/www/nginx-default',
                    'index' => 'index.html index.htm',
                },
            },
        }
    )
    action :create
    notifies :reload, 'nginx_service[nginx]', :delayed
end
```

논의 셰프는 루비로 만들어진 설정 관리 도구이며 클라이언트-서버 형태로 실행되거나 단독 설정으로 실행됩니다. 슈퍼마켓이라는 아주 큰 공개 쿡북 커뮤니티가 있으며 공개 쿡북은 명령 줄 도구인 Knife를 통해 설치되고 관리됩니다. 셰프는 예시에서 살펴본 기능을 비롯해 매우 다양한 기능이 있습니다.

슈퍼마켓에 공개된 엔진엑스 쿡북은 매우 유연하며 엔진엑스를 패키지 매니저나 소스 코드로 손쉽게 설치하는 옵션을 제공합니다. 다양한 모듈과 기본 설정을 템플릿으로 컴파일하고 설치하는 기능 또한 제공합니다. 이 절에서는 Sous Chefs 사에서 관리하는 저장소를 통해 엔진엑스를 설치했으며 간단한 예시로 HTML 파일을 호스팅하는 서버 블록을 설정했습니다. 여러분의 템플릿을 nginx_site 리소스에 더 제공하면 엔진엑스 설정을 더 세밀하게 제어할 수 있습니다.

함께 보기

- 셰프 공식 문서: *https://docs.chef.io*
- 셰프 슈퍼마켓에 등록된 엔진엑스 쿡북: *https://oreil.ly/xxu5z*

5.7 콘술 템플릿 기능으로 설정 자동화하기

문제 콘술Consul을 통해 변경되는 환경 변숫값들이 엔진엑스 설정에 자동으로 반영되게 하기

해결 consul-template 데몬과 템플릿 파일을 이용해 필요한 엔진엑스 설정을 템플릿으로 만듭니다.

```
upstream backend { {{range service "app.backend"}}
      server {{.Address}};{{end}}
}
```

예시는 콘술 템플릿으로 만들어본 엔진엑스 업스트림 설정 블록입니다. 이 템플릿은 콘술이 app.backend에서 확인된 모든 노드를 순회하고, 콘술은 각 노드의 IP 주소에 대해 server 지시자를 생성합니다.

consul-template 데몬은 명령줄 도구를 통해 실행되며 변경이 발생해 설정 파일이 생성될 때마다 엔진엑스를 리로드합니다.

```
$ consul-template -consul-addr consul.example.internal -template \
  ./upstream.template:/etc/nginx/conf.d/upstream.conf:"nginx -s reload"
```

이 명령은 consul-template 데몬을 주소가 consul.example.internal인 콘술 클러스터에 연결하고 현재 작업 디렉터리에서 upstream.template이라는 파일을 찾아 목표가 되는 파일을 템플릿으로 만듭니다. 생성된 파일은 /etc/nginx/conf.d/upstream.conf 경로에 저장되고 템플릿 파일이 변경될 때마다 엔진엑스를 리로드합니다. -template 플래그는 콜론으로 구분된 문자열 세 개를 입력받습니다. 먼저 템플릿 파일명과 생성된 파일을 내보낼 경로를 받고

마지막 인수로는 템플릿 생성 및 내보내기가 완료된 후 실행할 명령을 받습니다. 공백으로 구분되는 명령을 사용할 때는 예시 명령처럼 큰따옴표로 명령을 묶어줍니다. `-consul` 플래그는 데몬이 연결할 콘술 클러스터의 주소를 지정하는 데 사용합니다.

논의 콘술은 강력한 서비스 탐색 도구이자 설정 저장소입니다. 노드 정보를 디렉터리와 비슷한 구조에 키–값 형식으로 저장하고 RESTful API를 통해 접근합니다. 콘술은 또한 각 클라이언트에 DNS 인터페이스를 제공하고 클러스터에 연결된 노드를 도메인명으로 탐색할 수 있게 해줍니다. 콘술 클러스터를 활용하는 별도 프로젝트로 `consul-template` 데몬이 있습니다. 이 도구는 콘술 노드, 서비스 또는 키–값에 변경이 발생하면 새로운 파일을 템플릿으로 만듭니다. 이러한 동작은 엔진엑스 자동화 도구를 선택할 때 콘술을 고려하는 가장 큰 이유입니다. `consul-template`을 이용하면 템플릿 파일에 변경이 발생한 직후 데몬이 특정 명령을 수행하도록 할 수 있으며, 따라서 서비스 환경에 변화가 발생하면 새로운 엔진엑스 설정을 활성화하고 리로드할 수 있습니다. 콘술과 `consul-template`을 이용해 엔진엑스 설정이 지속적으로 변화하는 서비스 환경에 맞춰 동적으로 변경되게 할 수 있습니다. 인프라, 설정, 애플리케이션 정보는 중앙에 저장되며 `consul-template`은 변경 이벤트를 바탕으로 필요에 따라 템플릿을 다시 만들어냅니다. 이 기술을 바탕으로 엔진엑스는 서버 및 서비스 추가와 삭제, 애플리케이션 변경에 대응해 동적으로 재설정됩니다.

함께 보기

- 엔진엑스 플러스의 서비스 디스커버리 구현을 통해 부하분산 구현하기: *https://oreil.ly/nWBBR*
- 엔진엑스와 콘술 템플릿으로 부하분산 구현하기: *https://oreil.ly/qQ9k8*
- 콘술 공식 웹사이트: *https://oreil.ly/va7t7*
- 콘술 템플릿으로 서비스 구성하기: *https://oreil.ly/g-OAb*
- 콘술 템플릿 깃허브 저장소: *https://oreil.ly/dfHMm*

CHAPTER 6

인증

6.0 소개

엔진엑스는 클라이언트에 대한 인증을 수행할 수 있습니다. 클라이언트 요청을 엔진엑스가 인증함으로써 업스트림 서버에서 인증을 처리하며 발생하는 부하를 줄이고 동시에 인증받지 못한 요청이 애플리케이션 서버까지 도달하는 것을 막을 수 있습니다. 엔진엑스 오픈 소스 버전에서 사용할 수 있는 인증 모듈에는 HTTP 기본 인증basic authentication과 하위 요청subrequest을 통한 인증이 있습니다. 엔진엑스 플러스에서만 사용 가능한 JWTJSON web token 검증 모듈은 표준 오픈 아이디 커넥트OpenID Connect(OIDC) 인증을 제공하는 서드파티 인증 사업자들을 엔진엑스로 통합합니다. 이번 장은 NGINX에서 다양한 인증 방식을 사용해 리소스를 보호하는 방법을 다룹니다.

6.1 HTTP 기본 인증

문제 HTTP 기본 인증을 이용해 애플리케이션과 콘텐츠를 안전하게 보호하기

해결 다음과 같은 형식으로 파일을 생성합니다. 비밀번호는 이어서 설명하는 방법으로 암호화하거나 해시로 만듭니다.

```
name1:password1
name2:password2:comment
name3:password3
```

각 행의 첫 번째 필드는 사용자 이름username이고 두 번째 필드는 비밀번호password입니다. 사용자에 대해 기록해둘 내용이 있으면 세 번째 필드를 사용하며 각 필드는 콜론으로 구분합니다. 엔진엑스는 몇 가지 비밀번호 형식을 지원합니다. 대표적으로 C언어에서 제공하는 crypt() 함수로 암호화된 비밀번호가 있습니다. openssl을 통해 사용하는 passwd 명령도 내부적으로는 crypt() 함수를 이용해 구현돼 있습니다. openssl이 설치돼 있으면 다음 명령으로 비밀번호를 암호화합니다.

```
$ openssl passwd MyPassword1234
```

명령을 실행하면 암호화된 문자열을 얻으며 엔진엑스의 비밀번호 파일에 이를 그대로 사용할 수 있습니다. HTTP 기본 인증을 활성화하려면 엔진엑스 설정 파일에서 auth_basic 지시자와 auth_basic_user_file 지시자를 사용합니다.

```
location / {
       auth_basic           "Private site";
       auth_basic_user_file conf.d/passwd;
}
```

auth_basic 지시자는 http, server, location 컨텍스트에서 사용할 수 있습니다. auth_basic 지시자에 문자열로 된 매개변수를 사용하면 인증받지 않은 사용자가 접근할 때 브라우저가 인증 팝업창을 띄우고 지정된 문자열을 보여줍니다. auth_basic_user_file 지시자에는 사용자 이름과 비밀번호가 저장된 파일의 경로를 지정합니다.

설정에 문제가 없는지 확인하려면 curl 명령을 사용합니다. curl 명령의 -u나 --user 옵션을 사용해 사용자 이름과 비밀번호를 입력하고 Authorization 인증 헤더를 만듭니다.

```
$ curl --user myuser:MyPassword1234 https://localhost
```

논의 HTTP 기본 인증을 위한 비밀번호를 만드는 방법과 그 형식은 보안의 정도에 따라 몇 가지로 나뉩니다. 아파치가 제공하는 `htpasswd` 명령으로도 비밀번호를 생성할 수 있는데 `openssl`과 `htpasswd` 명령 모두 엔진엑스가 이해할 수 있는 `apr1` 알고리즘을 사용해 비밀번호를 생성합니다. 비밀번호는 기업에서 사용하는 경량 디렉터리 접근 프로토콜Lightweight Directory Access Protocol(LDAP)이나 Dovecot[1]에서 채택한 Salted SHA-1[2] 형식으로도 만들 수 있습니다. 그 외에도 엔진엑스는 여러 형식과 해싱 알고리즘을 제공하지만 대부분 보안이 취약하며 브루트포스 공격으로 탈취당하기 쉽습니다.

HTTP 기본 인증을 이용해 엔진엑스 호스트 전체나 특정 가상 서버 혹은 특정 `location` 블록을 보호할 수 있습니다. 기본 인증은 웹 애플리케이션이 가진 자체 인증 체계를 대체하지는 않지만 공개되지 않은 정보를 안전하게 보호하는 데 도움을 줍니다. 기본 인증을 적용하고 인증에 성공하지 못한 사용자에게는 '401 Unauthorized' 응답과 함께 `WWW-Authenticate` 헤더를 회신합니다. 헤더값은 `Basic realm="auth_basic 지시자에 지정한 메시지"`가 됩니다. 사용자 인증 요청은 사용자 이름과 비밀번호를 콜론으로 연결한 문자열 형태이며 엔진엑스로 전달되기 전에 base64로 인코딩되고 `Authorization` 요청 헤더값으로 지정됩니다. 서버는 헤더를 디코딩하고 `auth_basic_user_file` 지시자가 지정한 파일을 이용해 인증을 진행합니다. 사용자 이름과 비밀번호는 단순히 base64로 인코딩된 문자열로 전송되므로 HTTPS 사용이 권장됩니다. HTTPS를 사용하지 않으면 사용자 이름과 비밀번호가 평문으로 전송됩니다.[3]

6.2 인증을 위한 하위 요청

문제 서드파티 인증 시스템을 통해 사용자 요청 인증하기

해결 요청된 리소스에 대해 응답하기 전에 `http_auth_request_module`을 사용해 인증 서비스로 요청을 보내고 요청자의 ID를 확인합니다.

1 옮긴이_ 유닉스 시스템을 위해 만들어진 오픈 소스 IMAP 혹은 POP3 서버입니다. 자세한 내용은 위키피디아 문서를 참고하기 바랍니다(*https://en.wikipedia.org/wiki/Dovecot_(software)*).

2 옮긴이_ 임의로 값을 솔트라고 하며 값을 비밀번호와 합쳐 SHA-1 해싱한 결과물을 Salted SHA-1 형식이라고 합니다.

3 옮긴이_ 인코딩은 암호화가 아니므로 전송 구간에서 탈취될 수 있습니다. 따라서 HTTPS를 이용해 전송 구간을 안전하게 보호해야 합니다.

```
location /private/ {
      auth_request     /auth;
      auth_request_set $auth_status $upstream_status;
}

location = /auth {
      internal;
      proxy_pass              http://auth-server;
      proxy_pass_request_body off;
      proxy_set_header        Content-Length "";
      proxy_set_header        X-Original-URI $request_uri;
}
```

auth_request 지시자의 매개변수로 내부 인증 시스템의 위치를 가리키는 URI를 지정합니다. auth_request_set 지시자는 인증을 위한 하위 요청의 응답으로 받은 값을 매개변수에 지정된 변수에 저장합니다.

논의 http_auth_request_module은 엔진엑스 서버가 처리하는 모든 요청에 대해 인증을 받도록 합니다. 사용자 요청을 처리해도 괜찮은지 확인하기 위해 하위 요청을 보내고 인증 시스템으로부터 인증을 받습니다. 하위 요청은 사용자 요청을 목적지 서버로 보내기 전에 엔진엑스가 내부 인증 시스템으로 보내 인증 결과에 대한 응답을 기다리는 인증 요청을 말합니다. /auth 경로에 대해 구성된 location 블록은 HTTP 바디와 헤더를 포함한 원래 요청을 인증 서버로 보냅니다. 하위 요청에 대한 HTTP 응답 코드는 사용자 요청이 접근 허가를 받았는지 혹은 받지 않았는지 알려줍니다. 하위 요청이 200 응답을 받으면 인증이 성공한 것이고, 401 이나 403 응답 코드를 받으면 인증이 실패한 것이며 동일한 응답 코드를 원래 요청에 반환합니다.

사용 중인 인증 시스템에 바디값이 필요 없다면 예시처럼 proxy_pass_request_body 지시자를 off로 설정합니다. 이처럼 바디를 사용하지 않으면 인증 요청의 크기와 처리 시간이 줄어들고, 응답 바디가 없어지므로 Content-Length 헤더는 빈 값이 돼야 합니다. 여러분의 인증 서비스가 요청 URI를 알아야 한다면 커스텀 헤더를 정의해 값을 전달하고 인증 서비스가 검증하도록 합니다. 인증 서비스에 접근하는 하위 요청에서 특정 응답 헤더나 정보를 저장해둬야 한다면 auth_request_set 지시자를 사용해 응답 데이터를 새로운 변숫값으로 만듭니다.

6.3 JWT 검증하기(엔진엑스 플러스)

문제 사용자 요청을 업스트림 서버로 보내기 전에 JWT 검증하기

해결 엔진엑스 플러스의 JWT 인증 모듈을 사용해 토큰의 시그니처signature를 검증하고 JWT 속성 정보claim와 헤더를 엔진엑스 변수로 가져옵니다.

```
location /api/ {
      auth_jwt          "api";
      auth_jwt_key_file conf/keys.json;
}
```

이 설정은 location 블록으로 분기된 요청에 대해 JWT 검증을 수행합니다. auth_jwt 지시자는 인증 헤더의 인증 범위realm 선언에 사용할 문자열을 매개변수로 사용하며 JWT를 저장할 매개변수를 추가로 지정할 수도 있습니다. JWT 표준에 따라 Authentication 헤더가 기본으로 사용됩니다. auth_jwt 지시자는 설정이 상속된 경우 상위 설정의 JWT 인증이 적용되지 않게 할 때도 사용합니다. 인증을 끄려면 auth_jwt 지시자를 매개변수 없이 사용합니다. 만약 상위 블록으로부터 상속된 인증을 취소하려면 auth_jwt 지시자의 매개변수로 off를 지정합니다. auth_jwt_key_file 지시자는 하나의 매개변수를 받으며 이 매개변수는 표준 JWKJSON web key 형식으로 만들어진 키 파일의 경로입니다.

엔진엑스 플러스 R29 버전에서는 비율 제한rate limiting을 함께 사용해 서명되지 않은 JWT를 이용한 서비스 거부 공격을 방어하는 모듈이 추가되어 있습니다. nginx_http_internal_redirect_module 모듈은 토큰을 검증하기 전에 비율 제한을 먼저 수행하도록 하여 악의적인 사용자로부터 시스템을 보호합니다. 다음 예시와 같이 internal_redirect 지시자를 사용할 수 있습니다.

```
limit_req_zone $jwt_claim_sub zone=jwt_sub:10m rate=1r/s;

server {
      location / {
               auth_jwt "realm";
               auth_jwt_key_file key.jwk;
```

```
                internal_redirect @rate_limited;
        }

        location @rate_limited {
                internal;

                limit_req zone=jwt_sub burst=10;
                proxy_pass http://backend;
        }
}
```

논의 엔진엑스 플러스는 토큰 전체가 암호화되는 JSON 웹 암호화Web Encryption가 아닌 JSON 웹 시그니처Web Signature 형식 토큰 검증을 지원합니다. 엔진엑스 플러스는 HS256, RS256, ES256 알고리즘으로 서명된 시그니처를 검증할 수 있으며, 토큰 기반 검증을 수행함으로써 인증 서비스로 하위 요청을 만들어 보낼 때보다 시간과 리소스를 절약합니다. 엔진엑스 플러스는 암호화된 JWT 헤더와 페이로드를 판독하고 표준 HTTP 헤더와 속성 정보를 내장 변수에 할당해 엔진엑스에서 활용하도록 해줍니다. `auth_jwt` 지시자는 `http`, `server`, `location`, `limit_except` 컨텍스트에서 사용할 수 있습니다. 이번 절에서는 엔진엑스 플러스에서 `internal_redirect` 모듈을 사용해 서명되지 않은 JWT 토큰을 이용한 서비스 거부 공격을 막는 방법을 살펴봤습니다. 더 자세한 사항은 함께 보기를 참고하기 바랍니다.

함께 보기

- JSON 웹 시그니처에 대한 RFC 표준: *https://oreil.ly/N2llP*
- JSON 웹 알고리즘에 대한 RFC 표준: *https://oreil.ly/1PV1N*
- JSON 웹 토큰에 대한 RFC 표준: *https://oreil.ly/gBlUC*
- 엔진엑스 플러스 JWT 인증 셋업하기: *https://oreil.ly/AdJGW*
- 엔진엑스 블로그 게시글 'JWT와 엔진엑스 플러스를 활용해 API 클라이언트 인증 셋업하기Authenticating API Clients with JWT and NGINX Plus': *https://oreil.ly/5Yzjb*
- 엔진엑스 `internal_redirect` 모듈: *https://oreil.ly/wH70m*

6.4 JSON 웹 키 생성하기(엔진엑스 플러스)

문제 엔진엑스 플러스에서 사용할 JSON 웹 키Web Key 생성하기

해결 엔진엑스 플러스는 RFC 표준으로 제정된 JWK 형식을 사용합니다. 표준에 따르면 JWK 파일은 키 객체를 여러 개 포함하는 배열을 가질 수 있습니다. 예시를 통해 확인해봅시다.

```
{"keys":
    [
        {
            "kty": "oct",
            "kid": "0001",
            "k": "OctetSequenceKeyValue"
        },
        {
            "kty": "EC",
            "kid": "0002"
            "crv": "P-256",
            "x": "XCoordinateValue",
            "y": "YCoordinateValue",
            "d": "PrivateExponent",
            "use": "sig"
        },
        {
            "kty": "RSA",
            "kid": "0003"
            "n": "Modulus",
            "e": "Exponent",
            "d": "PrivateExponent"
        }
    ]
}
```

예시는 RFC 표준에서 언급된 세 가지 기본 키 타입을 모두 포함합니다. RFC 표준에는 각 키 형식format에 대해서도 기술돼 있습니다. `kty` 속성은 키 타입을 나타내며 예시에서 사용한 세 가지 키 형식은 옥텟 시퀀스Octet Sequence(`oct`), 타원곡선Elliptic Curve(`ec`), RSA입니다. `kid` 속성은 키 ID를 말합니다. 나머지 속성들 역시 각 키 타입에 대한 표준 명세가 정의돼 있습니다. 보다 자세한 내용을 확인하려면 RFC 표준을 참고하기 바랍니다.

논의 JWK를 생성하기 위한 라이브러리는 여러 프로그래밍 언어에서 제공되며 종류도 상당히 많습니다. 일정 주기로 JWK를 발급하고 갱신할 수 있도록 중앙화된 JWK 기관을 만들어 키 서비스로 제공하는 편이 좋습니다. 보안을 강화하기 위해서는 JWK의 송수신을 SSL/TLS 인증서를 사용해 보호할 필요가 있습니다. 키 파일도 적절한 사용자와 그룹에서만 접근할 수 있도록 권한을 관리해야 하며 가능한 한 서버의 메모리에 보관하는 편이 좋습니다. ramfs와 같은 메모리 파일시스템을 사용하면 쉽게 구현할 수 있습니다. 키를 주기적으로 갱신하는 것이 중요하므로 키 서비스가 공개키와 비밀키를 생성하고, 생성한 키를 API를 통해 애플리케이션과 엔진엑스에 제공하도록 하는 편이 좋습니다.

함께 보기

- JSON 웹 키에 대한 RFC 표준: *https://oreil.ly/BrV8u*

6.5 오픈아이디 커넥트 SSO를 통한 사용자 인증(엔진엑스 플러스)

문제 오픈아이디 커넥트 신원 확인 서비스 제공자를 엔진엑스 플러스에 연동하기

해결 연동 작업에는 몇 가지 설정과 약간의 NGINX 자바스크립트 코드를 사용합니다. 우선 신원 확인 서비스 제공자identity provider (IdP)가 오픈아이디 커넥트 1.0을 지원해야 합니다. 엔진엑스 플러스는 권한 부여 코드의 흐름에서 볼 때 OIDC로 요청을 전달하는 역할을 수행합니다.

엔진엑스 사는 깃허브 공개 저장소에서 엔진엑스 플러스를 OIDC와 연동할 때 참고할 예시 설정과 코드를 소개합니다. 이 절의 **'함께 보기'**에 기재된 링크에서 여러분이 사용하는 IdP와 엔진엑스 플러스의 연동 작업 절차에 대한 최신 정보를 확인하기 바랍니다.

논의 연동할 때는 최신 절차를 따라야 하므로 해결 방법을 지면에 싣지는 않았습니다. 깃허브 공개 저장소에 소개된 예시 설정과 코드를 참고하기 바랍니다. 저장소에 공개된 예시는 엔진엑스 플러스가 오픈아이디 커넥트 1.0을 지원하는 IdP를 이용하는 데 필요한 인증 요청을 원활히 전달하도록 설정합니다. 접근이 제한된 리소스로 인증되지 않은 요청이 들어오면 엔진엑스 플러스는 IdP를 통해 요청에 대한 인증을 먼저 수행하도록 합니다. IdP들은 각자 로그인 절

차를 수행하고 인증 코드를 엔진엑스 플러스로 보냅니다. 인증이 완료되면 엔진엑스 플러스는 인증 코드를 일종의 ID 토큰으로 활용해 IdP와 직접 통신합니다. 이 토큰은 JWT를 통해 검증되고 엔진엑스 플러스의 키-값 저장소에 보관됩니다. 키-값 저장소를 사용한다는 것은 고가용성 보장을 위해 설정된 엔진엑스 플러스 클러스터의 모든 인스턴스에서도 ID 토큰에 접근할 수 있음을 의미합니다. 이 과정에서 엔진엑스 플러스는 클라이언트에 대한 세션 쿠키를 생성해 키-값 저장소에서 토큰을 찾는 데 이용합니다. 마침내 클라이언트 요청은 세션 쿠키값과 함께 최초 요청한 리소스로 리다이렉트됩니다. 이후의 요청은 쿠키값을 통해 검증되며 필요시 엔진엑스 플러스 키-값 저장소에서 ID 토큰을 찾습니다.

이러한 기능은 사이트마인더SiteMinder로 알려진 인증 기관Certificate Authority(CA) 싱글 사인온이나 포지록ForgeRock의 오픈AMOpenAM, 키클로크Keycloak, 옥타Okta, 원로긴OneLogin, 핑 아이덴티티Ping Identity와 같은 주요 신원 정보 제공 사업자와 연동해 사용할 수 있습니다. OIDC는 표준으로서 인증과 매우 밀접한 관계가 있습니다. 여기서 언급한 사업자들은 연동 가능한 수많은 사업자 중 일부임을 기억하기 바랍니다.

함께 보기

- 엔진엑스 블로그 게시글 '오픈아이디 커넥트와 엔진엑스 플러스를 활용해 애플리케이션 사용자 인증하기 Authenticating Users to Existing Applications with OpenID Connect and NGINX Plus': *https://oreil.ly/6GHY2*
- 오픈아이디 커넥트: *https://oreil.ly/su-wB*
- 엔진엑스 오픈아이디 커넥트 깃허브 저장소: *https://oreil.ly/sX86J*
- 오픈아이디 커넥트를 위한 액세스 토큰 지원: *https://oreil.ly/GA9Qc*

6.6 JSON 웹 토큰 검증하기(엔진엑스 플러스)

문제 엔진엑스 플러스에서 JSON 웹 토큰Web Token 검증하기

해결 엔진엑스 플러스에서 제공하는 JWT 모듈을 `location`, `server` 블록에서 사용하고 `auth_jwt` 지시자가 `$cookie_auth_token` 변수에 저장된 토큰값을 검증하도록 합니다.

```
location /private/ {
      auth_jwt               "Google Oauth" token=$cookie_auth_token;
      auth_jwt_key_file      /etc/nginx/google_certs.jwk;
}
```

이 설정에 따라 엔진엑스 플러스는 `/private/` 경로로 접근하는 요청에 대해 JWT 검증을 하며 검증할 토큰은 `auth_jwt` 지시자를 사용해 `$cookie_auth_token` 변수를 참조합니다. 구글 OAuth 2.0 오픈아이디 커넥트는 기본 `bearer` 토큰을 사용하지 않고 `auth_token` 쿠키를 사용합니다. 따라서 엔진엑스가 기본 경로를 사용하지 않고 이 쿠키를 찾아 토큰값을 사용하도록 해야 합니다. `auth_jwt_key_file` 지시자는 임의의 경로를 사용하며 절차는 **6.7 'JSON 웹 키 세트 획득 자동화와 캐싱'**에서 다룹니다.

논의 예시 설정은 엔진엑스 플러스로 구글 OAuth 2.0 오픈아이디 커넥트의 JWT를 검증하는 방법을 보여줍니다. 엔진엑스 플러스의 JWT 인증 모듈은 JSON 웹 시그니처 규격에 대한 RFC를 준수하는 모든 JWT를 검증할 수 있으며, JWT를 사용하는 모든 싱글 사인온Single sign-on (SSO) 시스템이 엔진엑스 플러스 계층에서 검증되도록 즉시 활성화됩니다. 오픈아이디 1.0 프로토콜은 신원 정보를 추가하는 OAuth 2.0 인증 프로토콜의 상위 계층이며 요청을 보낸 사용자의 신원을 증명하는 데 JWT를 사용합니다. 토큰의 서명을 통해 엔진엑스 플러스는 서명 이후 토큰이 변경된 적이 없음을 검증합니다. 이러한 방법으로 구글은 비동기 서명 방법을 제공하고 비공개 JWK를 안전하게 유지하면서 공개 JWK를 배포합니다.

함께 보기

- 엔진엑스 블로그 게시글 'JWT와 엔진엑스 플러스를 활용해 API 클라이언트 인증하기Authenticating API Clients with JWT and NGINX Plus': *https://oreil.ly/5Yzjb*

6.7 JSON 웹 키 세트 획득 자동화와 캐싱(엔진엑스 플러스)

문제 엔진엑스 플러스가 자동으로 JSON 웹 키 세트Web Key Set(JWKS)를 요청하고 캐시하도록 하기

해결 캐시 영역cache zone과 auth_jwt_key_request 지시자를 사용해 자동으로 키가 현행화되도록 합니다.

```
proxy_cache_path /data/nginx/cache levels=1 keys_zone=foo:10m;

server {
       # ...

       location / {
              auth_jwt "closed site";
              auth_jwt_key_request       /jwks_uri;
       }

       location = /jwks_uri {
              internal;
              proxy_cache       foo;
              proxy_pass        https://idp.example.com/keys;
       }
}
```

예시에서 auth_jwt_key_request 지시자는 엔진엑스 플러스가 internal로 선언된 하위 요청을 통해 JWKS를 가져오도록 합니다. 하위 요청은 신원 확인 서비스 제공자로 요청을 위임하기 위해 /jwks_uri로 보내집니다. 이 요청은 과부하를 막기 위해 10분간 캐시됩니다.

논의 auth_jwt_key_request 지시자는 엔진엑스 플러스 R17 버전에서 처음 도입됐습니다. 이 기능은 인증 요청이 발생하면 엔진엑스 플러스 서버가 가진 JWKS를 동적으로 업데이트합니다. 하위 요청을 통해 JWKS를 읽어들이며 이때 사용하는 서비스 제공자는 엔진엑스 플러스 서버 입장에서 로컬 네트워크 환경의 서버여야 합니다. 예시에서는 하위 요청을 처리하는 location 블록이 엔진엑스 플러스 내부에서 전달된 요청만 처리하도록 제한하고자 internal 지시자를 사용했습니다. 캐시를 선언해두면 JWKS가 꼭 필요할 때만 신원 확인 서비스로부터 읽어들이므로 서비스 제공자에 과부하가 걸리지 않습니다. auth_jwt_key_request 지시자는 http, server, location, limit_except 컨텍스트에서 사용할 수 있습니다.

함께 보기

- 엔진엑스 블로그 게시글 'JWT와 엔진엑스 플러스를 활용해 API 클라이언트 인증하기Authenticating API Clients with JWT and NGINX Plus': *https://oreil.ly/5Yzjb*
- 엔진엑스 블로그 게시글 '엔진엑스 플러스 R26 발표: 새로운 기능 – 웹 키 세트 캐싱을 통한 빠른 JWT 검증Faster JWT Validation with JSON Web Key Set Caching': *https://oreil.ly/3sMch*

6.8 SAML 인증을 위한 서비스 공급자 설정(엔진엑스 플러스)

문제 SAML 신원 확인 서비스 제공자를 엔진엑스 플러스에 연동하기

해결 엔진엑스 플러스가 제공하는 키-값 저장소를 사용하기 때문에 엔진엑스 플러스에만 적용할 수 있으며, njs 모듈도 이용합니다. 먼저 njs 모듈을 설치합시다.

APT 패키지 매니저로 엔진엑스 플러스용 모듈 설치

```
$ apt install nginx-plus-module-njs
```

YUM 패키지 매니저로 엔진엑스 플러스용 모듈 설치

```
$ yum install nginx-plus-module-njs
```

이 명령들은 njs를 동적 모듈로 설치합니다. 모듈이 설치되었다면 엔진엑스 플러스가 모듈을 사용할 수 있도록 `nginx.conf`에 다음 설정을 추가합니다.

```
load_module modules/ngx_http_js_module.so;
```

F5가 제공하는 공개 저장소에서 SAML 연동을 위한 자바스크립트 파일과 엔진엑스 플러스 설정 파일을 다운로드 받아 압축을 풉니다.

```
$ wget https://github.com/nginxinc/nginx-saml/archive/refs/heads/main.zip \
    -O nginx-saml-main.zip
$ unzip nginx-saml-main.zip
$ mv nginx-saml-main/* /etc/nginx/conf.d/
```

제공되는 엔진엑스 플러스 SAML 솔루션은 표준 SAML XML 설정 파일과 차이가 있습니다. 시스템과 연동을 시작하기 전에 설정 파일의 일부 내용을 업데이트해야 합니다. 각 파일에 대한 다음 설명을 참고하여 필요한 부분을 업데이트하기 바랍니다.

saml_sp_configuration.conf

`map{}` 블록에 기술된 서비스 제공자service providers(SP)와 신원 확인 서비스 제공자(IdP)에 대한 기본 설정을 담고 있는 파일입니다. 하나 이상의 서비스 제공자나 신원 확인 서비스 제공자를 설정하기 위해 매핑 함수에 `$host` 변수를 사용합시다.

- 사용하려는 서비스 제공자(SP)에 적합하도록 설정내의 맵 블록에서 `$saml_sp_`로 시작하는 모든 변수를 수정합니다.
- 사용하려는 신원 확인 서비스 제공자(IdP)에 적합하도록 설정내의 맵 블록에서 `$saml_idp_`로 시작하는 모든 변수를 수정합니다.
- `/logout` 경로에 대한 요청 처리에 필요한 공개 리소스를 지정하기 위해 설정내의 맵 블록에 지정된 URI를 수정해 `$saml_logout_redirect` 변수가 필요한 리소스를 지정하도록 합시다.
- 엔진엑스 플러스가 다른 프록시나 로드 밸런서 뒤에 배치된 경우 `$redirect_base`와 `$proto` 변수에 대한 매핑을 수정해 원래의 프로토콜과 포트 번호를 식별할 수 있게 합니다.

frontend.conf

SAML 모듈을 활용해 리소스를 보호하려면 리버스 프록시가 필요합니다. `saml_sp.server_conf` 파일을 이용해 리버스 프록시를 설정합시다.

- 서버 설정에 `conf.d/saml_sp.server_conf;`를 추가합니다.
- 허가되지 않은 요청에 대한 SAML 서비스 제공자 플로SAML SP Flow[4]를 시작하기 위해 `error_page` 지시자를 설정합니다. 다음의 설정을 보호 대상 `location` 블록에 추가합시다.

```
error_page 401 = @do_samlsp_flow;
      if ($saml_access_granted != "1") {
      return 401;
}
```

4 옮긴이_ SSO를 구현하는 방식은 크게 서비스 제공자(Service Provider, SP)로부터 시작되는 방식과 신원 확인 서비스(Identify Provider, IdP)로부터 시작되는 방식으로 나누어집니다. 관련 내용이 궁금하다면, 클라우드 기반 신원 및 인증 관리 서비스를 제공하는 Okta의 블로그 글을 참고하기 바랍니다. *https://www.okta.com/kr/blog/2020/09/what-is-saml/*

- 정상적으로 인증된 경우 사용자 이름을 username 헤더에 담아 업스트림으로 보냅니다.

```
proxy_set_header username: $saml_name_id;
```

- 필요한 경우 error_log 지시자의 level 매개변수를 이용해 적절한 로그 수준을 지정합니다.

saml_sp.server_conf

IdP 응답을 처리하기 위한 엔진엑스 설정입니다.

- 내려받은 파일을 그대로 사용해도 특별히 문제는 없습니다.
- 최적화가 필요하다면 client_body_buffer_size 지시자를 이용해 IdP 응답의 최대 크기(POST 요청의 최대 Body 크기)를 수용하는데 문제없도록 설정합시다.

saml_sp.js

SAML 인증을 수행하기 위한 자바스크립트 코드입니다.

- 수정하지 않아도 됩니다.

논의 이번 절에서는 자바스크립트 모듈(njs)과 엔진엑스 플러스 키-값 저장소 모듈을 함께 이용해 엔진엑스가 서비스 제공자service provider(SP)로서 SSO를 수행하도록 함으로써 리소스를 보호하는 방법을 소개합니다. F5의 엔진엑스 팀에서 만든 자바스크립트 코드가 공개된 깃허브 저장소를 통해 제공되고 있기 때문에 필요에 따라 설정에 추가하여 SAML 인증을 활성화할 수 있습니다. 엔드포인트와 키의 설정뿐만 아니라 다른 SAML 설정도 여러 맵map 블록 내에 자바스크립트 형태로 제공합니다. 이 블록들을 활용하여 요청의 호스트명별로 여러 서비스 제공자(SP)와 신원 확인 서비스 제공자(IdP)를 연동할 수도 있습니다.

서비스 제공자와 신원 확인 서비스 제공자가 준비되면 saml_sp.server_conf을 서버 설정에 포함할 수 있고, error_page 지시자를 통해 인증받지 못한 사용자에 대해서는 신원 확인 서비스 제공자를 통해 서비스 제공자 플로SAML SP Flow를 시작할 수 있습니다. 서비스 제공자는 플로는 활성 세션을 활용하거나 새로운 로그인 절차 수행을 위해 사용자를 신원 확인 서비스로 안내합니다. 정상적으로 인가받은 사용자는 SAML 응답과 함께 엔진엑스 플러스로 리다이렉트

되어 검증된 후, SAML 응답을 엔진엑스 키-값 저장소에 저장합니다. 클라이언트는 SAML 응답에 대한 키를 쿠키 형태로 전달받아 이후 요청에 활용하게 되며, 클라이언트는 원래의 요청 리소스에 접근할 수 있게 됩니다.

이 방식을 이용하면 모든 서비스 제공자와 신원 확인 서비스 제공자로부터 한 번에 로그아웃할 수 있는 단일 로그아웃SAML Single Logout(SLO)도 수행할 수 있습니다. 이 동작도 SSO와 마찬가지로 서비스 제공자로부터 시작되는 플로와 신원 확인 서비스 제공자로부터 시작되는 플로가 있습니다. 서비스 제공자로부터 시작되는 플로는 엔진엑스 플러스가 LogoutRequest 메시지를 신원 확인 서비스 제공자로 보내면서 시작됩니다. 메시지를 받은 신원 확인 서비스 제공자는 사용자의 세션을 종료시킨 뒤 LogoutResponse 메시지를 엔진엑스 플러스로 응답합니다. 응답을 받은 엔진엑스 플러스는 키-값 저장소에서 사용자 세션을 제거합니다.

신원 확인 서비스 제공자로부터 시작되는 로그아웃 플로는 신원 확인 서비스 제공자가 서비스 제공자인 엔진엑스 플러스로 요청을 보내야 합니다. 신원 확인 서비스 제공자는 등록된 로그아웃 URL로 LogoutRequest를 보내 로그아웃 프로세스를 시작합니다. 엔진엑스 플러스는 요청받은 뒤 사용자 세션과 관련된 키-값 저장소 값을 삭제하고 LogoutResponse 메시지를 다시 신원 확인 서비스 제공자로 보냅니다.

SLO 기능은 신원 확인 서비스 제공자가 지원하지 않거나 엔진엑스 플러스가 서비스 제공자로서 해당 동작을 수행하지 않기를 바라는 경우 비활성화할 수 있습니다. SLO를 비활성화하려면 `$saml_idp_slo_url` 변수에 빈 문자열을 설정합니다.

함께 보기

- 엔진엑스 플러스의 SAML SSO 지원 기능: *https://oreil.ly/P2ae9*

CHAPTER 7

보안 제어

7.0 소개

보안은 여러 계층을 통해 보장되며 보안 수준을 강화하고 싶다면 다계층 보안 모델을 도입해야 합니다. 이 장에서는 엔진엑스와 엔진엑스 플러스를 통해 웹 애플리케이션을 보호하는 여러 가지 방법을 살펴봅니다. 이 장에서 소개하는 엔진엑스와 엔진엑스 플러스의 기능을 조합하면 보안 수준을 강화하는 데 도움이 됩니다. 다만 엔진엑스를 웹 방화벽web application firewall(WAF)으로 설정하는 엔진엑스의 모드시큐리티ModSecurity 3.0 모듈은 다루지 않습니다. 웹 방화벽으로 활용하는 방법이 궁금하다면 전자책『엔진엑스 모드시큐리티 3.0 퀵 스타트 가이드ModSecurity 3.0 and NGINX: Quick Start Guide』[1]를 살펴보기 바랍니다. 참고로 엔진엑스 플러스의 엔진엑스 모드시큐리티 WAF는 2024년 3월 31일부터는 지원되지 않습니다. 자세한 내용은 엔진엑스 공식 블로그 게시글[2]을 참조하기 바랍니다.

1 *https://oreil.ly/SULeY*

2 *https://oreil.ly/hMbSF*

7.1 IP 주소 기반 접근 제어

문제 클라이언트의 IP 주소를 사용해 접근 제어하기

해결 보호해야 하는 리소스에 대한 접근을 제어하기 위해 http 접근 모듈과 stream 접근 모듈을 이용합니다.

```
location /admin/ {
    deny 10.0.0.1;
    allow 10.0.0.0/20;
    allow 2001:0db8::/32;
    deny all;
}
```

이 location 블록은 사용자가 IPv4 주소를 사용하면 10.0.0.0/20 대역의 접근을 허용하며 IPv6 주소를 사용하면 2001:0db8::/32 대역의 접근을 허용합니다. IPv4 주소가 10.0.0.1이면 접근을 차단하며 그 외에 기술되지 않은 IPv4, IPv6 주소의 접근은 차단돼 403 응답을 받습니다. allow와 deny 지시자는 http, server, location과 TCP/UDP에 대한 stream, server 컨텍스트에서 사용할 수 있습니다. 정책이 여러 개 사용되면 위에서 아래로top down 내려가면서 순차적으로 정책 부합 여부를 판단합니다.

논의 인터넷에 공개된 귀중한 리소스와 서비스를 보호하려면 여러 계층에서 보안을 적용해야 합니다. 엔진엑스의 보안 기능은 이러한 계층형 보안의 한 축을 담당합니다. deny 지시자는 주어진 컨텍스트에서 사용자의 요청을 차단하며 allow 지시자는 차단 대상인 요청의 일부에 대해 요청을 허용합니다. 차단 및 허용 대상은 IP 주소로 기술하며 IPv4, IPv6 형식 단일 주소뿐 아니라 CIDR 블록 방식으로도 대역을 지정할 수 있습니다. 예약 키워드 all을 사용해 모든 요청 대상으로 정책을 적용할 수 있으며 유닉스 소켓도 매개변수로 사용할 수 있습니다. 서버 리소스 보호가 필요할 때 일반적으로 내부의 특정 IP 대역을 허용하고 나머지 대역을 차단하는 정책을 사용합니다.

7.2 크로스 오리진 리소스 공유(CORS)

문제 본래의 서비스 도메인이 아닌 다른 도메인을 통해 리소스를 제공할 때 브라우저가 원활히 접근하도록 크로스 오리진 리소스 공유cross-origin resource sharing(CORS) 정책 지정하기

해결 CORS 접근을 허용하려면 사용자 요청의 메서드에 따라 응답 헤더를 변경합니다.

```
map $request_method $cors_method {
      OPTIONS 11;
      GET      1;
      POST     1;
      default  0;
}

server {
      # ...
      location / {
            if ($cors_method ~ '1') {
                  add_header 'Access-Control-Allow-Methods' 'GET,POST,OPTIONS';
                  add_header 'Access-Control-Allow-Origin' '*.example.com';
                  add_header 'Access-Control-Allow-Headers'
                             'DNT,
                              Keep-Alive,
                              User-Agent,
                              X-Requested-With,
                              If-Modified-Since,
                              Cache-Control,
                              Content-Type';
            }
            if ($cors_method = '11') {
                  add_header 'Access-Control-Max-Age' 1728000;
                  add_header 'Content-Type' 'text/plain; charset=UTF-8';
                  add_header 'Content-Length' 0;
                  return 204;
            }
      }
}
```

예시는 `map` 지시자를 사용해 `GET`, `POST` 메서드를 그룹화해 처리합니다. `OPTIONS` 메서드는 프리플라이트preflight 요청으로 사용자에게 서버가 가진 CORS 정책을 응답합니다. 이 서버는 `GET`, `POST`, `OPTIONS` 메서드를 허용하며 `Access-Control-Allow-Origin` 헤더를 통해 `http://example.com`의 여러 하위 도메인에서 서버 리소스에 접근 가능함을 알려줍니다. 프리플라이트 요청을 매번 보내지 않고도 CORS 정책을 참고할 수 있도록 사용자 브라우저에 `Access-Control-Max-Age` 헤더에 172만 8000초(20일)를 설정해 정책을 캐시합니다.

논의 자바스크립트는 자신이 호스팅되는 도메인이 아닌 곳의 리소스를 요청할 때 CORS 정책을 사용합니다. 요청이 크로스 오리진 상황이라면[3] 브라우저는 서버가 내려준 CORS 정책을 따라야 합니다. 브라우저는 적당한 CORS 헤더를 찾지 못하면 해당 리소스 사용을 중지합니다. 서버에서 제공하는 리소스를 하위 도메인에서 문제없이 사용하게 하려면 `add_header` 지시자로 필요한 CORS 헤더를 설정합니다. 요청이 `GET`, `HEAD`, `POST` 메서드와 `Content-Type` 헤더를 사용하고 그 외에 특별한 헤더가 없다면 브라우저는 요청을 서버로 보내고 `Access-Control-Allow-Origin` 응답 헤더만 확인합니다. 다른 요청에 대해서는 브라우저가 프리플라이트 요청을 보내 리소스에 대한 CORS 정책을 확인하고 따릅니다. 헤더가 적절히 설정되지 않았다면 브라우저는 리소스를 사용하지 않고 오류를 내보냅니다.[4]

7.3 클라이언트 측 암호화

문제 클라이언트와 엔진엑스 서버 간 트래픽 암호화하기

해결 `ngx_http_ssl_module`이나 `ngx_stream_ssl_module`과 같은 SSL 모듈을 사용해 트래픽을 암호화합니다.

```
http { # 아래 지시자는 모두 stream 컨텍스트에서도 사용할 수 있습니다.
    server {
        listen 8443 ssl;
        ssl_certificate /etc/nginx/ssl/example.crt;
```

3 옮긴이_ 크로스 오리진 상황이란 두 개 이상의 서로 다른 도메인에서 비동기로 리소스를 가져와 사용하는 상황입니다.

4 옮긴이_ CORS 정책 위반으로 리소스 사용이 중단됐는지 확인하려면 각 브라우저가 제공하는 개발자 도구의 콘솔console 화면을 사용합니다.

```
            ssl_certificate_key /etc/nginx/ssl/example.key;
        }
    }
```

이 설정은 서버가 8443 포트로 들어오는 요청에 대해 SSL/TLS를 사용해 암호화하도록 합니다. `ssl_certificate` 지시자는 인증서와 중간 체인 인증서intermediate chain certificate가 저장된 파일 경로를 정의합니다. `ssl_certificate_key` 지시자는 엔진엑스가 클라이언트 요청을 복호화하고 응답을 암호화하는 데 사용할 비밀키 파일을 정의합니다. 사용 중인 엔진엑스 버전이 배포된 시점에 따라 다양한 SSL/TLS 협상negotiation 설정 기본값이 있습니다.

논의 전송 중인 정보를 암호화할 때는 가장 흔히 보안 전송 계층을 사용합니다. TLS 프로토콜은 SSL 프로토콜보다 우선순위가 높습니다. SSL 프로토콜의 세 가지 버전 모두 안전하지 않다고 알려져 있기 때문입니다. 엔진엑스 1.23.4 이후 버전에서는 설치된 시스템의 OpenSSL 라이브러리에 특별히 이슈가 없다면 TLSv1, TLSv1.1, TLSv1.2, TLSv1.3을 기본 SSL 프로토콜로 사용합니다. 프로토콜 이름은 달라졌지만 여전히 TLS는 보안 소켓 계층을 만들며 엔진엑스는 TLS를 활용해 서버와 클라이언트 사이에 주고받는 정보를 보호합니다. 다시 말해, 사용자와 비즈니스를 보호해줍니다. 인증 기관을 통해 서명된 인증서를 사용할 때는 서버 인증서leaf certificate/server certificate와 인증 기관의 중간 체인 인증서를 하나로 합쳐 사용할 필요가 있습니다. 이렇게 인증서를 하나의 파일로 합칠 때 유의할 점은 서버 인증서가 파일 앞쪽에 위치하고 체인 인증서가 뒤에 나와야 한다는 점입니다. 간혹 인증 기관이 중간 체인 인증서를 여러 개 제공하는 경우가 있습니다. 이때 각 체인 인증서에 순서가 정해져 있으므로 병합해 사용할 때 유의합시다. 자세한 내용은 인증 기관으로부터 받은 문서나 안내를 참고하기 바랍니다.

함께 보기

- 모질라가 제공하는 보안 및 서버 측 TLS 문서: *https://oreil.ly/9UFYB*
- 모질라 SSL 설정 생성기: *https://oreil.ly/xoyCM*
- SSL Labs의 SSL 서버 설정 시험: *https://oreil.ly/aVWE2*

7.4 고급 클라이언트 측 암호화

문제 클라이언트 측 암호화를 보다 높은 수준으로 수행하도록 설정하기

해결 http와 stream의 엔진엑스 SSL 모듈은 수신된 요청과 SSL/TLS 연결 협상handshake을 제어합니다. 인증서와 키 파일은 변수나 파일 경로 값을 통해 엔진엑스 설정에 사용할 수 있으며 엔진엑스는 설정된 내용에 따라 사용 가능한 프로토콜, 암호화 스위트cipher suite, 키 형식을 클라이언트에 제공합니다. 클라이언트와 엔진엑스 서버는 연결 맺는 과정에 사용 가능한 가장 높은 수준의 보안 표준을 사용합니다. 엔진엑스는 클라이언트와 서버의 SSL/TLS 연결 협상 결과를 일정 시간 동안 캐시해 빠른 응답을 제공하는 데 사용할 수 있습니다.

다음 설정은 클라이언트와 서버 간 SSL/TLS 연결 협상이 얼마나 복잡해질 수 있는지 보이고자 일부러 복잡하게 만든 것입니다. 예시에서 사용한 지시자는 모두 stream 컨텍스트에서도 사용할 수 있습니다.

```
http { # 아래 지시자는 모두 stream 컨텍스트에서도 사용할 수 있습니다.
    server {
        listen 8443 ssl;
        # 허용할 TLS 버전과 암호화 알고리즘을 설정합니다.
        ssl_protocols TLSv1.2 TLSv1.3;
        ssl_ciphers HIGH:!aNULL:!MD5;

        # RSA 인증서 파일 경로를 지정합니다.
        ssl_certificate /etc/nginx/ssl/example.crt;
        # RSA 암호화 키 파일 경로를 지정합니다.
        ssl_certificate_key /etc/nginx/ssl/example.pem;

        # EV(Elliptic Curve) 인증서를 변수에서 불러옵니다.
        ssl_certificate $ecdsa_cert;
        # EV(Elliptic Curve) 키를 파일 경로가 담긴 변수를 참조해 읽어옵니다.
        ssl_certificate_key data:$ecdsa_key_path;

        # 클라이언트-서버 간의 SSL/TLS 연결 협상 결과를 캐시합니다.
        ssl_session_cache shared:SSL:10m;
        ssl_session_timeout 10m;
    }
}
```

이 서버는 TLS 1.2나 1.3 버전을 사용할 수 있습니다. `ssl_ciphers` 지시자는 TLS 표준이 제시하는 높은 수준의 암호화 알고리즘을 사용하도록 `HIGH`[5]로 지정하고 `aNULL`[6]과 `MD5`는 사용하지 않도록 명시적으로 느낌표를 붙여 지정합니다.

설정에서는 인증서 키 쌍 두 개를 사용합니다. 지시자로 전달하는 값들을 통해 엔진엑스에 인증서 키값을 제공하는 두 가지 방법을 알 수 있습니다. 전달하는 값은 기본적으로 인증서 파일에 대한 경로로 해석되지만 `data:` 접두어를 사용하면 변수에 담긴 값을 직접 사용합니다. 여러 가지 인증서 키 형식을 함께 사용하면 더 많은 클라이언트에 대해 호환성을 제공할 수 있습니다. 이 경우 클라이언트가 지원할 수 있고 서버가 받아줄 수 있는 가장 강력한 표준이 TLS 연결 협상에 사용됩니다.

> **경고** SSL/TLS 키가 data 접두어를 사용해 직접 그 값을 사용하도록 지정됐다면, 엔진엑스 설정에 따라 키 내용이 로그에 기록되거나 노출될 가능성이 있습니다. 따라서 키값을 변수에 직접 담아 사용한다면 서버의 변경과 접근에 대한 보안이 충분히 보장되는 강력한 정책을 적용해야 합니다.

SSL 세션 캐시session cache와 타임아웃 지시자는 엔진엑스 워커 프로세스가 지정된 시간 동안 세션 매개변수를 캐시하고 저장하도록 합니다. 엔진엑스 워커 프로세스는 단일 인스턴스 내에서 정보를 공유하지만 서로 다른 장비 간에는 공유하지 않습니다. 세션 캐시는 예시에 언급되지 않은 많은 옵션이 있는데, 이는 성능 및 보안 이슈 발생 시 도움이 되며 여러 옵션을 복합적으로 연결해 사용할 수 있습니다. 하지만 기본값 없이 사용된 옵션은 내장 세션 캐시 기능을 꺼버릴 수 있으므로 주의합니다.

논의 예시에서 엔진엑스는 클라이언트에 TLSv1.2와 TLSv1.3 옵션을 제공하며 높은 수준으로 평가되는 암호화 알고리즘과 RSA, 타원곡선 암호Elliptic Curve Cryptography(ECC) 형식의 키를 제공합니다. 클라이언트가 지원하는 강력한 프로토콜과 암호화 알고리즘, 키 형식은 협상의 결과입니다. 예시 설정은 캐시 영역으로 할당된 `10`메가바이트 메모리가 허용하는 한 엔진엑스가 SSL/TLS 연결 정보를 최대 `10`분간 유지하도록 합니다.

여러 시험 결과에 따르면 ECC 인증서는 암호화 강도가 비슷한 RSA 인증서보다 빠릅니다. 키

---

5 옮긴이_ 엔진엑스에서 사용하는 OpenSSL 버전에 따라 `HIGH`로 지정되는 암호화 스위트는 달라질 수 있습니다.

6 옮긴이_ `aNULL`은 인증 기능이 없는 암호화 알고리즘을 지칭합니다. 인증 기능이 없는 알고리즘은 중간자 공격(man in the middle attack, MITM)에 취약합니다.

크기가 작으므로 동일한 리소스의 서버에서 더 많은 SSL/TLS 연결과 더 빠른 연결 협상을 제공할 수 있습니다. 이는 여러분이 새로운 기술의 이점을 누리면서 오래된 클라이언트에도 정상적인 서비스를 제공하게 해줍니다.

노트 엔진엑스는 예시에서 언급된 클라이언트와 엔진엑스 자신 사이 구간에 흐르는 트래픽을 암호화하고 업스트림 서버로의 연결 또한 암호화합니다. 엔진엑스와 업스트림 서버 간 연결 협상은 **7.5 '업스트림 암호화'**에서 살펴봅니다.

함께 보기

- 모질라가 제공하는 보안 및 서버 측 TLS 문서: *https://oreil.ly/9UFYB*
- 모질라 SSL 설정 생성기: *https://oreil.ly/xoyCM*
- SSL Labs의 SSL 서버 설정 시험: *https://oreil.ly/aVWE2*

7.5 업스트림 암호화

문제 엔진엑스와 업스트림 서비스 간 트래픽을 암호화하고, 컴플라이언스 법규 준수 및 보안 네트워크 밖에 있는 업스트림 서비스와의 연결을 위한 협상 규칙을 정하기

해결 필요한 SSL 요구사항을 지정하려면 HTTP 프록시 모듈의 SSL 지시자를 사용합니다.

```
location / {
        proxy_pass https://upstream.example.com;
        proxy_ssl_verify on;
        proxy_ssl_verify_depth 2;
        proxy_ssl_protocols TLSv1.3;
}
```

예시에서 proxy 지시자들은 엔진엑스가 준수해야 하는 SSL 규칙을 정의합니다. 엔진엑스는 업스트림 서비스의 서버 인증서와 인증서 체인이 두 단계까지 유효한지 확인합니다.[7] proxy_

7 옮긴이_ proxy_ssl_verify 지시자가 활성화됐으면 엔진엑스는 업스트림 서버가 제공하는 서버 인증서에 대해서만 유효성을 확인합니다. 체인 인증서까지 검증하도록 설정하려면 proxy_ssl_verify_depth 지시자를 사용합니다.

ssl_protocols 지시자는 TLSv1.3 버전만 SSL 연결 설정에 사용하도록 설정합니다. 기본적으로 엔진엑스는 업스트림 서비스의 인증서와 연결할 때 사용한 TLS 버전을 확인하지 않습니다.

논의 HTTP 프록시 모듈에서는 매우 다양한 지시자를 활용할 수 있으며 업스트림 트래픽을 암호화하려면 proxy_ssl_verify 옵션을 활성화해야 합니다. HTTPS를 통해 요청을 프록시하려면 간단히 proxy_pass 지시자에 전달하는 값에 HTTPS 프로토콜을 사용하도록 지정합니다. 하지만 이것만으로는 업스트림 서버가 사용하는 인증서에 대한 검증을 수행하지 않습니다. 업스트림 서버와의 통신 구간의 보안 수준을 높이려면 proxy_ssl_certificate이나 proxy_ssl_certificate_key와 같은 지시자를 사용해 보안 요건을 지정합니다. 추가로 proxy_ssl_crl 지시자나 더는 유효하지 않은 인증서를 식별할 폐지 인증서 목록을 활용할 수 있습니다. 이와 같이 SSL 프록시 지시자를 통해 데이터 센터 내부 네트워크나 공용 인터넷 구간으로의 통신 채널을 견고하게 만듭니다.

7.6 location 블록 보호하기

문제 비밀값secret을 활용해 location 블록을 보호하기

해결 secure link 모듈과 secure_link_secret 지시자를 사용해 secure link를 가진 사용자만 리소스에 접근하도록 허용합니다.

```
location /resources {
       secure_link_secret mySecret;
       if ($secure_link = "") { return 403; }

       rewrite ^ /secured/$secure_link;
}

location /secured/ {
       internal;
       root /var/www;
}
```

이 설정은 공개된 location 블록과 내부에서만 접근 가능한 location 블록을 만듭니다. /resources 경로에 대해 설정된 공개 location 블록은 요청 URI가 secure_link_secret 지시자에 설정된 비밀값으로 검증 가능한 md5 해시값을 갖고 있지 않으면 '403 Forbidden'을 응답합니다. $secure_link 변수는 URI에 포함된 해시값이 검증되기 전까지는 아무런 값을 갖지 않습니다.

논의 리소스를 비밀값으로 보호하면 파일의 안전이 보장됩니다. 비밀값은 URI와 함께 사용하며 URI에는 비밀값을 md5 해시로 변환한 후 해시값을 16진수 다이제스트hex digest로 계산한 값을 사용합니다. 해시는 링크에 포함되고 엔진엑스에게 유효성을 평가받습니다. 엔진엑스는 해시값 뒤에 이어진 URI를 보고 요청된 파일의 경로를 파악하며 secure_link_secret 지시자를 통해 제공된 비밀값도 알고 있습니다. 엔진엑스는 md5 해시값을 빠르게 검증하고 실제 리소스 경로를 $secure_link 변수에 할당합니다. 해시가 검증되지 않으면 변수는 빈 문자열 값을 갖게 됩니다. 참고로 secure_link_secret 지시자에 전달하는 인수는 변수가 아닌 고정된 문자열이어야 합니다.

7.7 비밀값으로 보안 링크 생성하기

문제 애플리케이션에서 비밀값을 사용해 보안 링크 생성하기

해결 엔진엑스의 secure link 모듈은 URI 경로와 비밀값을 연결한 문자열로 생성한 md5 해시의 16진수 다이제스트를 인식합니다. 이 절에서는 /var/www/secured/index.html 파일을 보호하기 위한 보안 링크를 만들어봅니다. 링크는 **7.6 'location 블록 보호하기'**에서 만든 설정으로 검증할 수 있도록 생성합니다. 먼저 openssl 명령으로 md5 해시에 대한 16진수 다이제스트를 생성하는 방법을 살펴봅시다.

```
$ echo -n 'index.htmlmySecret' | openssl md5 -hex
(stdin)= a53bee08a4bf0bbea978ddf736363a12
```

명령은 보호할 리소스 이름인 index.html과 비밀값 mySecret을 연결한 문자열을 openssl의

매개변수로 전달합니다. openssl은 문자열을 md5로 해시한 후 16진수 다이제스트값을 계산해 출력합니다.

다음은 파이썬 표준 라이브러리인 hashlib을 사용해 파이썬으로 작성한 해시 다이제스트 생성 코드입니다.

```
import hashlib
hashlib.md5.(b'index.htmlmySecret').hexdigest()
'a53bee08a4bf0bbea978ddf736363a12'
```

이렇게 만든 해시 다이제스트값을 URL에 추가해 사용해봅시다. 도메인은 www.example.com 이며 /var/www/secured/index.html 파일에 접근하기 위해 /resources location 블록 조건을 사용하도록 URL을 구성합니다. 완성된 전체 URL은 다음과 같습니다.

```
www.example.com/resources/a53bee08a4bf0bbea978ddf736363a12/index.html
```

논의 다이제스트값은 다양한 언어를 사용해 여러 방법으로 생성할 수 있습니다. 다이제스트값 생성에 사용할 문자열을 만들 때는 주의할 점이 몇 가지 있습니다. URI가 비밀값 앞에 위치해야 하며 문자열 중간에 줄바꿈 문자carriage return를 포함하지 않아야 합니다. md5 해시를 생성한 후 16진수 다이제스트값을 추출해 사용합니다.

7.8 기간 제한 링크로 location 블록 보호하기

문제 특정 클라이언트에만 적용되는 기간 제한 링크를 사용해 location 블록 보호하기

해결 secure_link 모듈에 포함된 지시자로 만료 일자를 지정하고 보안 링크에 포함된 변수를 사용합니다.

```
location /resources {
      root /var/www;
      secure_link $arg_md5,$arg_expires;
```

```
        secure_link_md5 "$secure_link_expires$uri$remote_addrmySecret";
        if ($secure_link = "") { return 403; }
        if ($secure_link = "0") { return 410; }
  }
```

secure_link 지시자는 쉼표로 구분된 매개변수 두 개를 사용합니다. 첫 번째 매개변수는 md5 해시값을 담는 변수이며 예시에서는 쿼리 인수의 md5 값을 사용합니다. 두 번째 매개변수는 링크 만료 시간을 담는 변수이며 유닉스 에폭epoch 시간 형식으로 표기됩니다. secure_link_md5 지시자는 매개변수를 한 개 사용하며 md5 해시를 생성할 때 사용한 문자열의 형식을 선언합니다. 다른 보안 링크 설정과 마찬가지로 해시가 검증되지 않으면 $secure_link 변수는 빈 값이 됩니다. 해시가 검증되더라도 만료 시간이 초과됐다면 $secure_link 변숫값은 0이 됩니다.

논의 기간 제한 링크를 사용하는 보안 방법은 7.6절에서 살펴본 secure_link_secret 지시자로 location 블록을 보호하는 설정보다 더 유연하고 깔끔합니다. 이 절에서 살펴본 지시자를 이용하면 엔진엑스에서 사용 가능한 다양한 변수로 해시 문자열을 생성할 수 있습니다. 해시 문자열을 생성하는 데 사용자 단위 변수를 사용하면 중요한 리소스에 대한 보안 링크를 공유하기가 어려워지므로 보안 수준이 향상됩니다. $remote_addr, $http_x_forwarded_for 변수나 애플리케이션이 생성한 세션 쿠키값을 사용하기를 권장합니다. secure_link 지시자의 인수는 쿼리 매개변수 이름과 관계없이 어느 것이든 사용할 수 있습니다. 요청을 허용하는 조건은 '접근 권한이 있는가?', '만료 시간이 되기 전에 접근했는가?'입니다. 접근 권한이 없으면 '403 Forbidden' 응답을 반환하고 만료 시간이 지났으면 접근 권한이 있더라도 '410 Gone' 응답을 반환합니다. '410 Gone' 응답 코드는 링크 만료라는 조건이 있으므로 해당 상황에 적절합니다.

7.9 기간 제한 링크 생성하기

문제 사용 기간이 만료되면 파기되는 링크 생성하기

해결 유닉스 에폭 형식으로 된 만료 시간 타임스탬프값을 생성합니다. 유닉스 시스템과 맥 운영체제에서 타임스탬프를 생성하려면 각각 다음처럼 date 명령을 사용합니다.

```
// 유닉스 시스템
$ date -d "2030-12-31 00:00" +%s --utc
1924905600
```

```
// 맥 운영체제
$ date -j -f "%Y-%m-%d %T" "2030-12-31 09:00:00" +%s
1924905600
```

다음으로 엔진엑스 설정의 secure_link_md5 지시자에 정의된 규격에 맞춰 해시 대상 문자열을 만듭니다. 7.8절 예시에서 secure_link_md5 지시자에는 $secure_link_expires uriremote_addrmySecret를 지정했습니다. 따라서 문자열은 1924905600/resources/index.html127.0.0.1mySecret이 됩니다. secure_link_md5 지시자에서 사용하는 md5 해시는 7.8절에서 본 md5 해시의 16진수 다이제스트값과는 약간 다릅니다. 바이너리 형식으로 표시된 md5 해시이고 base64 인코딩돼 있으며 더하기(+) 기호는 하이픈(-)으로, 슬래시(/) 기호는 언더스코어(_)로 바뀌고 등호(=)는 삭제됩니다. 다음은 유닉스 시스템에서 secure_link_md5를 만드는 명령이며 맥 운영체제에서도 동일하게 사용합니다.

```
$ echo -n '1924905600/resources/index.html127.0.0.1mySecret' \
  | openssl md5 -binary \
  | openssl base64 \
  | tr +/ -_ \
  | tr -d =
sqysOw5kMvQBL3j9ODCyoQ
```

이제 필요한 해시값을 얻었고 링크 만료 시점 정보와 함께 URL에서 사용할 수 있습니다.

```
/resources/index.html?md5=sqysOw5kMvQBL3j9ODCyoQ&expires=1924905600
```

다음은 파이썬 코드로 구현한 실전에 가까운 예시입니다. 링크가 생성 시점으로부터 한 시간 후에 만료되도록 상대적인 만료 시간을 지정하며 파이썬 2.7과 3.x 버전에서 공통으로 제공하는 표준 라이브러리를 사용합니다.

```
from datetime import datetime, timedelta from base64 import b64encode
import hashlib
```

```
# 환경 변수 선언
resource = b'/resources/index.html' remote_addr = b'127.0.0.1'
host = b'www.example.com' mysecret = b'mySecret'

# 만료 시점에 대한 타임스탬프값 계산
now = datetime.utcnow()
expire_dt = now + timedelta(hours=1)
expire_epoch = str.encode(expire_dt.strftime('%s'))

# 문자열을 md5로 해싱
uncoded = expire_epoch + resource + remote_addr + mysecret
md5hashed = hashlib.md5(uncoded).digest()

# base64로 인코딩하고 일부 문자를 교체
b64 = b64encode(md5hashed)
unpadded_b64url = b64.replace(b'+', b'-')
      .replace(b'/', b'_')
      .replace(b'=', b'')

# 만들어진 값을 사용해 URL 링크 생성
linkformat = "{}{}?md5={}?expires={}"
securelink = linkformat.format(
      host.decode(),
      resource.decode(),
      unpadded_b64url.decode(),
      expire_epoch.decode()
)
print(securelink)
```

논의 이러한 방식으로 보안 링크를 URL에서 사용 가능한 특별한 형식으로 생성합니다. 비밀키는 클라이언트로 전송되지 않는 변숫값을 활용함으로써 보안을 제공합니다. `location` 블록을 보호하기 위해 변수를 필요한 개수만큼 사용할 수 있습니다. `md5` 해시와 base64 인코딩은 거의 모든 언어에서 지원되는 기술이며 가볍게 사용할 수 있습니다.

7.10 HTTPS 리다이렉션

문제 HTTP로 수신된 요청을 HTTPS로 리다이렉트하기

해결 모든 HTTP 트래픽을 HTTPS로 보내려면 URL을 재작성합니다.

```
server {
        listen 80 default_server;
        listen [::]:80 default_server;
        server_name _;
        return 301 https://$host$request_uri;
}
server {
        listen 443 ssl;
        listen [::]:443 ssl;
        ssl_certificate /etc/nginx/ssl/example.crt;
        ssl_certificate_key /etc/nginx/ssl/example.key;
        ...
}
```

예시는 엔진엑스에 설정된 모든 호스트명에 대해 IPv4와 IPv6 주소를 가리지 않고 `80` 포트로 요청을 받습니다. `return` 구문은 클라이언트로 '301 Permanent Redirect' 응답을 보내 동일한 호스트명과 URI에 대해 다시 HTTPS로 요청하도록 합니다. HTTPS로 리다이렉트된 요청은 SSL/TLS 요청을 위해 구성된 서버 블록을 통해 처리됩니다.

논의 HTTP를 사용해야 하는 이유가 특별히 없다면 요청이 항상 HTTPS를 사용하도록 리다이렉트하는 편이 좋습니다. 혹은 클라이언트와 서버 간에 주고받는 민감한 데이터만 HTTPS로 리다이렉트할 수도 있습니다. `location` 블록을 사용해(예를 들어, 로그인 경로인 `/login`에 대해 `location` 블록을 적용) HTTP 요청을 HTTPS를 사용하도록 리다이렉트합니다.

7.11 HTTPS 리다이렉션 - SSL 오프로딩 계층이 있는 경우

문제 엔진엑스 앞에 위치한 계층에서 SSL 오프로딩SSL offloading을 수행하는 상황에서 모든 사용자 요청을 HTTPS로 리다이렉트하기

해결 엔진엑스가 실제 사용자의 요청을 수신하는 경우가 아니라면 `X-Forwarded-Proto` 헤더를 통해 사용자의 프로토콜을 확인할 수 있으며 이 값을 활용해 리다이렉트를 합니다.

```
server {
        listen 80 default_server;
        listen [::]:80 default_server;
        server_name _;

        if ($http_x_forwarded_proto = 'http') {
              return 301 https://$host$request_uri;
        }
}
```

예시는 언뜻 보면 7.10절에서 살펴본 HTTP 리다이렉션과 비슷합니다. 하지만 이 설정에 사용된 `if` 문은 `X-Forwarded-Proto` 헤더값이 `http`인 경우에만 `301` 리다이렉트 응답을 합니다. 이 헤더는 실제 사용자가 요청에 사용한 프로토콜 값을 담고 있습니다.

논의 종종 SSL/TLS 연결을 엔진엑스 앞에 위치한 계층에서 종료(SSL 오프로딩)시키고 엔진엑스로는 HTTP를 사용해 요청하는 경우가 있습니다. 이는 엔진엑스가 HTTPS를 처리하는 데 드는 컴퓨팅 비용을 절약하기 위함입니다. 한편 보안 강화를 위해 모든 클라이언트가 HTTPS를 사용하도록 하고 싶지만 SSL/TLS 연결을 종료시키는 엔진엑스 앞 계층에서 기능 부재 등으로 인해 HTTPS로 리다이렉트하도록 응답하지 못할 수도 있습니다. 다행히 해당 계층에서 프록시 헤더는 설정할 수 있다고 가정합시다. 이러한 상황은 대표적으로 AWS ELB를 사용할 때 발생합니다. ELB는 추가 비용 없이 SSL/TLS 오프로딩 기능을 제공합니다. 이때 예시와 같은 엔진엑스 설정을 사용하면 ELB가 리다이렉트 응답을 직접 하지는 못하더라도 엔진엑스의 응답을 전달해 사용자가 다시 HTTPS로 요청을 보내도록 할 수 있습니다. 다소 꼼수 같아 보이는 방법이지만 HTTP 트래픽을 보다 안전하게 만들기 위해 널리 사용됩니다.

7.12 HSTS

문제 웹 브라우저가 HTTP로 요청을 보내지 않도록 강제하기

해결 `Strict-Transport-Security` 헤더를 설정해 HSTS(HTTP Strict Transport Security) 확장을 사용합니다.

```
add_header Strict-Transport-Security max-age=31536000;
```

이 설정은 `Strict-Transport-Security` 헤더를 유효 기간 1년(31,536,000초)으로 지정해 응답 헤더를 전달합니다. 브라우저는 이 도메인에 대해 HTTP 요청이 발생하면 내부 리다이렉트를 통해 모든 요청이 항상 HTTPS를 이용하도록 합니다.

논의 일부 애플리케이션에서는 중간자 공격에 의해 탈취된 HTTP 요청 하나 때문에 회사가 존폐의 기로에 설 수도 있습니다. `POST` 요청의 폼 데이터에 담긴 민감한 정보가 HTTP로 전송된다면 엔진엑스의 HTTPS 리다이렉트 응답은 도움이 되지 않습니다. HTTPS로 리다이렉트되기 전에 평문으로 데이터가 전송돼 이미 모든 상황이 끝났을 수 있기 때문입니다. 자발적으로 설정해 사용해야 하는 HSTS 보안 확장 헤더는 브라우저가 근본적으로 HTTP로 요청을 보내지 못하게 함으로써 요청이 암호화되지 않은 상태로 전송되는 상황을 방지합니다.[8]

함께 보기

- HSTS에 대한 RFC 표준: *https://oreil.ly/oLaZc*
- OWASP의 HSTS 치트 시트: *https://oreil.ly/AVn-g*

---

8 옮긴이_ HSTS는 유용한 설정이지만 사용자 브라우저에 저장되므로 값을 변경하기가 매우 어렵습니다. 따라서 적용 여부와 유효기간을 설정하기 전에 면밀히 검토해야 합니다.

7.13 국가 단위 접근 차단하기

문제 비즈니스 요구사항이나 애플리케이션 요건에 따라 특정 국가의 사용자를 차단하기

해결 사용 중인 환경에 대한 공식 엔진엑스 저장소로부터 엔진엑스 GeoIP 모듈을 다운로드합니다.

엔진엑스 플러스:

```
$ apt install nginx-plus-module-geoip
```

엔진엑스 오픈소스:

```
$ apt install nginx-module-geoip
```

map 지시자를 사용해 접근을 차단하거나 허용할 국가 코드를 변수에 할당합니다.

```
load_module "/etc/nginx/modules/ngx_http_geoip_module.so";

http {
        map $geoip_country_code $country_access {
                "US" 0;
                "CA" 0;
                default 1;
        }
        # ...
}
```

예시의 map 지시자는 새로운 변수 $country_access에 1이나 0을 할당합니다. 사용자 IP 주소의 위치 정보가 미국(US)이나 캐나다(CA)인 경우 변수에 0을 할당합니다. 그 외의 국가는 기본 값인 1로 설정됩니다.

이제 server 블록에서 if 문을 사용해 미국이나 캐나다에서 온 요청이 아니면 차단합니다.

```
server {
        if ($country_access = '1') {
                return 403;
```

```
        }
        # ...
}
```

예시는 널리 사용되는 개발 언어의 `if` 문과 마찬가지로 `$country_access` 값이 `1`인지 확인해 참과 거짓을 판별합니다. 비교 결과가 참이면 차단 대상 요청이므로 엔진엑스는 '403 Forbidden' 응답을 반환하고 결과가 거짓이면 이후 설정 내용에 따라 동작합니다. 이와 같이 `if` 문을 사용해 미국이나 캐나다에서 접근하는 사용자가 아니면 리소스에 대한 접근을 차단할 수 있습니다.

논의 예시는 몇 줄짜리 간단한 코드로 국가 단위로 사용자 접근을 제어하는 방법을 잘 보여주며, 이는 필요에 따라 다양하게 응용 가능합니다. 국가 정보 외에도 GeoIP 모듈이 제공하는 다양한 내장 변수를 활용해 사용자 요청을 허용하거나 차단하는 설정을 구현해 보기 바랍니다.

함께 보기

- 엔진엑스 GeoIP 모듈 공식 문서: *https://oreil.ly/QtE-5*

7.14 다중 계층 보안

문제 폐쇄형 웹사이트를 위해 여러 계층의 보안 적용하기

해결 `satisfy` 지시자를 사용해 모든 보안 검증을 통과해야만 요청을 허용할지 혹은 일부 보안 검증만 통과해도 유효한 요청으로 볼지 설정합니다.

```
location / {
        satisfy any;

        allow 192.168.1.0/24;
        deny all;

        auth_basic "closed site";
```

```
        auth_basic_user_file conf/htpasswd;
  }
```

이 설정은 루트 경로에 대한 사용자 요청이 설정된 보안 검증 방법 중 하나 이상을 만족하면 유효한 요청으로 판단합니다. 예를 들어, 사용자 IP 주소가 192.168.1.0/24 대역에서 접근하거나 서버의 conf/htpasswd 파일에 설정된 계정 및 비밀번호와 일치하면 유효한 요청으로 판단합니다. satisfy 지시자는 매개변수로 any 혹은 all 값을 가집니다.

논의 satisfy 지시자는 웹 애플리케이션에 여러 보안 및 인증 절차를 동시에 적용하는 훌륭한 방법입니다. satisfy 지시자에 any 매개변수를 설정하면 사용자가 보안 요소를 적어도 한 개 이상을 충족하는지 확인합니다. 반면에 all 매개변수를 사용하면 정의된 보안 요소를 모두 만족해야만 유효한 요청으로 처리합니다. satisfy 지시자는 **7.1 'IP 주소 기반 접근 제어'**에서 살펴본 http_access_module뿐 아니라 http_auth_basic_module, http_auth_request_module, http_auth_jwt_module 등 6장에서 다룬 다양한 지시자와 함께 사용할 수 있습니다. 보안은 다양한 계층을 통해 적용돼야만 진정한 보안이라 할 수 있으며 satisfy는 이를 달성하는 데 도움이 됩니다. 높은 수준의 보안 정책을 요구하는 location, server 블록에 satisfy 지시자를 적용할 수 있습니다.

7.15 다중 계층 DDoS 방어(엔진엑스 플러스)

문제 **엔진엑스 플러스를 사용해 분산 서비스 거부Distributed Denial of Service(DDoS) 공격 완화하기**

해결 엔진엑스 플러스 앱 프로텍트 DoS 모듈 혹은 엔진엑스 플러스의 기능을 이용해 클러스터 레벨의 빈도 제한rate limit과 자동화된 차단리스트를 적용합니다.

```
# 클러스터 단위로 빈도 제한을 적용합니다.
limit_req_zone $remote_addr zone=per_ip:1M rate=100r/s sync;
limit_req_status 429;

# TTL이 10분인 클러스터 단위의 sinbin 저장 영역을 만들고
# sinbin 저장 영역에 사용자 IP를 저장합니다.
```

```
keyval_zone zone=sinbin:1M timeout=600 sync;
keyval $remote_addr $in_sinbin zone=sinbin;

server {
      listen 80;
      location / {
            if ($in_sinbin) {
                  set $limit_rate 50; # IP별 대역폭 제한 설정
            }

            # IP 단위로 제한을 적용합니다.
            limit_req zone=per_ip;

            # 빈도를 초과한 요청은 @send_to_sinbin으로 보냅니다.
            # 문제없는 요청은 my_backend로 보냅니다.
            error_page 429 = @send_to_sinbin;
            proxy_pass http://my_backend;
      }

      location @send_to_sinbin {
            # 초과된 요청을 보낸 IP에 대해 sinbin 저장소에 플래그를 설정합니다.
            rewrite ^ /api/9/http/keyvals/sinbin break;
            proxy_method POST;
            proxy_set_body '{"$remote_addr":"1"}';
            proxy_pass http://127.0.0.1:80;
      }

      location /api/ {
            # API 접근을 제어합니다.
            api write=on;
      }
}
```

논의 예시는 DDoS 공격에 유연하게 대응하고 공격을 경감하기 위해 동기화된 키-값 저장소를 사용해 IP 단위로 빈도를 제한합니다. 엔진엑스 앱 프로텍트를 이용하는 경우 DoS 모듈을 이용해 빈도를 제한할 수 있습니다. `limit_req_zone`과 `keyval_zone` 지시자에 설정된 `sync` 매개변수는 액티브-액티브active-active 방식으로 엔진엑스 플러스 클러스터를 구성하는 여러 장비 간에 공유 메모리 영역을 동기화하도록 합니다. 이를 통해 어떤 엔진엑스 노드가 수신하든 관계없이 요청을 초당 100개 이상 보내는 클라이언트를 식별합니다. 요청 빈도 제한을 초과하면 엔진엑스 플러스 API를 통해 클라이언트의 IP 주소를 `sinbin` 키-값 저장소에 추가합니다.

이때 sinbin 키-값 저장소는 클러스터 단위로 동기화된 저장소입니다. IP 주소가 저장소에 추가되고 나서 들어온 요청은 어떤 엔진엑스 플러스 노드가 수신하든 관계없이 매우 낮은 대역폭으로 제한이 적용됩니다. 대역폭을 제한하면 사용자가 DDoS 경감 솔루션이 동작함을 알아차리기 어렵고 요청은 거절됩니다. 저장소에 추가된 IP 주소는 10분 후 자동으로 삭제되고 이후에는 제한이 풀립니다.

함께 보기

- F5 엔진엑스 앱 프로텍트 DoS 모듈 공식문서: *https://oreil.ly/Kamy-*

7.16 앱 프로텍트 WAF 모듈 설치와 설정(엔진엑스 플러스)

문제 엔진엑스 앱 프로텍트 WAF 모듈App Protect Module을 설치하고 설정하기

해결 사용 중인 플랫폼에 맞춰 공식 문서(*https://oreil.ly/jEOqg*)에 있는 엔진엑스 앱 프로텍트 WAF 모듈 설치 가이드를 따라 설정을 진행합니다. 특히 앱 프로텍트 WAF 모듈 서명을 별도 저장소로부터 설치하는 부분을 잊지 맙시다.

메인 컨텍스트에서 load_module 지시자를 사용해 앱 프로텍트 WAF 모듈이 로드됐는지 확인하고 이름이 app_protect_로 시작하는 지시자들을 사용해 모듈을 활성화합니다.

```
user nginx;
worker_processes auto;

load_module modules/ngx_http_app_protect_module.so;

# ... 여러 메인 컨텍스트 지시자가 이곳에 위치합니다.

http {
        app_protect_enable on;
        app_protect_policy_file "/etc/nginx/AppProtectTransparentPolicy.json";
        app_protect_security_log_enable on;
        app_protect_security_log "/etc/nginx/log-default.json"
          syslog:server=127.0.0.1:515;
```

```
    # ... 여러 http 컨텍스트 지시자가 이곳에 위치합니다.
}
```

app_protect_enable 지시자에 on 매개변수를 사용해 현재 컨텍스트에서 모듈을 사용하도록 활성화합니다. 이어지는 app_protect_* 지시자들은 http, server, location 컨텍스트에서 사용할 수 있습니다. app_protect_policy_file 지시자는 앱 프로텍트 정책 파일이 저장된 경로를 가리키며 파일이 존재하지 않으면 기본 정책을 적용합니다. 나머지 두 지시자는 보안 로그를 활성화하고 저장하는 방식을 설정합니다. 예시에서는 로그 저장을 위해 로컬 운영체제의 시스로그Syslog 리스너를 사용하도록 설정합니다. app_protect_security_log 지시자는 매개변수를 두 개 사용합니다. 첫 번째는 로깅 설정에 대한 값을 정의하는 JSON 파일이고 두 번째는 실제 로그 스트림을 저장할 저장소 혹은 목적지 정보입니다. 로깅 설정 파일은 이 절 뒷부분에서 다시 다룹니다.

앱 프로텍트 WAF 정책 파일을 만들어 /etc/nginx/AppProtectTransparentPolicty.json에 저장합니다.

```
{
    "policy": {
        "name": "transparent_policy",
        "template": { "name": "POLICY_TEMPLATE_NGINX_BASE" },
        "applicationLanguage": "utf-8",
        "enforcementMode": "transparent"
    }
}
```

이 정책 파일은 엔진엑스의 기본 앱 프로텍트 WAF 정책 템플릿을 사용하며 정책 이름을 transparent_policy로 지정합니다. enforcementMode를 transparent로 설정해 엔진엑스 플러스가 차단 조건에 맞는 요청을 발견하더라도 차단하지 않고 로그만 남기도록 해둡니다. transparent 모드는 정책을 실제 서비스 트래픽에 적용하기 전에 시험해 보는 데 매우 유용합니다.

시험에서 문제가 없었고 실제로 요청을 차단하려면 enforcementMode를 blocking으로 변경합니다. 이 정책 파일은 /etc/nginx/AppProtectBlockingPolicy.json로 저장합시다. 정책 파일을 변경하려면 엔진엑스 플러스 설정의 app_protect_policy_file 지시자를 갱신합니다.

```
{
	"policy": {
		"name": "blocking_policy",
		"template": { "name": "POLICY_TEMPLATE_NGINX_BASE" },
		"applicationLanguage": "utf-8",
		"enforcementMode": "blocking"
	}
}
```

앱 프로텍트 WAF 모듈이 제공하는 보안 기능을 활성화하려면 찾고자 하는 보안 위반 사항에 대한 처리 방법을 violations 항목에 정의합니다.

```
{
	"policy": {
		"name": "blocking_policy",
		"template": { "name": "POLICY_TEMPLATE_NGINX_BASE" },
		"applicationLanguage": "utf-8",
		"enforcementMode": "blocking",
		"blocking-settings": {
			"violations": [
				{
					"name": "VIOL_JSON_FORMAT",
					"alarm": true,
					"block": true
				},
				{
					"name": "VIOL_PARAMETER_VALUE_METACHAR",
					"alarm": true,
					"block": false
				}
			]
		}
	}
}
```

예시는 정책 파일에 두 가지 위반 사항에 대한 정책을 추가합니다. 추가된 항목 중 VIOL_PARAMETER_VALUE_METACHAR 위반은 요청을 차단하지 않고 경고만 보내는 반면, VIOL_JSON_FORMAT 위반은 경고와 차단을 모두 수행한다는 점에 주목합시다. 이를 통해 enforcementMode에 정의된 차단blocking 정책을 덮어쓸 수 있습니다. 다만 enforcementMode

가 transparent로 지정돼 있으면 violations에 지정된 규칙보다 enforcementMode가 우선순위를 갖게 되니 주의합니다.

이제 엔진엑스 플러스가 정책 적용에 대한 로그 파일을 남기도록 /etc/nginx/log-default.json을 설정합니다.

```
{
        "filter":{
                "request_type":"all"
        },
        "content":{
                "format":"default",
                "max_request_size":"any",
                "max_message_size":"5k"
        }
}
```

이 로그 설정은 엔진엑스 플러스 설정에 app_protect_security_log 지시자를 추가해 사용할 수 있으며 앱 프로텍트 WAF 모듈의 동작에 대한 로그를 남기는 데 필요합니다.

논의 이 절에서는 엔진엑스 플러스 앱 프로텍트 WAF 모듈을 설정하는 기본 방법을 살펴봤습니다. 앱 프로텍트 WAF 모듈을 사용하면 엔진엑스 플러스의 웹 방화벽이 가진 공격 룰 정의definition가 모두 활성화됩니다. 공격 룰 정의는 F5에서 제공하는 보안 제품인 Advanced F5 Application Security에서 제공되며[9] 실제 필드에서 시험되고 검증된 광범위한 웹 방화벽 공격 시그니처attack signature이므로 신뢰도가 높습니다. 엔진엑스 플러스 설치 시 공격 시그니처를 추가하면 엔진엑스 플랫폼의 민첩함과 F5 Application Security의 높은 보안성을 동시에 활용할 수 있습니다.

모듈이 설치되고 활성화된 후 대부분의 설정은 정책 파일을 통해 진행됩니다. 이 절에서 살펴본 정책 파일들은 차단, 모니터링, transparent 모드를 구성하는 방법과 violations를 사용해 어떻게 설정을 적용하고 오버라이드하는지 보여줍니다. 참고로 violations는 엔진엑스 플러스가 제공하는 여러 공격 보호 방법 중 하나이며 HTTP 표준 준수HTTP Compliance, 회피 기술

9 옮긴이_ F5는 엔진엑스의 모회사로 보안 어플라이언스, 네트워크 장비, 클라우드 보안 서비스 등을 제공합니다.

Evasion Technique, 공격 시그니처Attack Signature[10], 서버 기술Server Technology[11], 데이터 가드Data Guard[12] 등 다양한 보호 방법이 제공됩니다. 앱 프로텍트 WAF 모듈의 로그를 남기는 데는 엔진엑스 플러스 로깅 형식을 사용하며 로그는 파일로 생성하거나 로컬 환경의 `/dev/stderr`로 보냅니다. 혹은 원격지에 구성된 별도의 로그 수신 서비스를 사용할 수도 있습니다.

엔진엑스 컨트롤러NGINX Controller ADC를 사용한다면 엔진엑스 컨트롤러 앱 시큐리티App Security 컴포넌트를 통해 엔진엑스 앱 프로텍트 WAF 기능을 활성화할 수 있으며 웹 인터페이스를 통해 웹 방화벽의 지표를 시각화할 수 있습니다.

함께 보기

- 엔진엑스 앱 프로텍트 WAF 모듈 관리자 가이드: *https://oreil.ly/jEOqg*
- 엔진엑스 앱 프로텍트 WAF 모듈 설정 가이드: *https://oreil.ly/-6pa1*
- 엔진엑스 앱 프로텍트 DoS 배포 가이드: *https://oreil.ly/dEtWU*

---

10 옮긴이_ OWASP가 선정한 상위 10개 공격 시그니처에 대한 방어 정책을 활성화합니다.

11 옮긴이_ 서버 기술은 특정 운영체제나 애플리케이션 혹은 서버에 대한 공격 시그니처의 집합입니다. 예를 들어, 젠킨스(Jenkins)나 아파치 스트러츠(Apache Struts) 같은 값을 지정해 해당 시스템에 대해 알려진 공격 시그니처에 대한 정책을 적용합니다. 자세한 내용은 '함께 보기'의 '엔진엑스 앱 프로텍트 WAF 모듈 설정 가이드'를 참고하기 바랍니다.

12 옮긴이_ 신용카드 번호나 미국의 사회 보장 번호 같은 내용이 응답에 포함되는지 확인하고 마스킹(masking)하는 방어 정책입니다. 기본적으로 비활성화돼 있습니다.

CHAPTER 8

HTTP/2와 HTTP/3(QUIC)

8.0 소개

HTTP/2와 HTTP/3는 HTTP 프로토콜의 주요 개정판입니다. 두 프로토콜 모두 HOL 블록킹head-of-line blocking으로 알려진 네트워크 패킷의 큐queue 처리와 관련된 이슈를 해결하기 위해 설계되었습니다. HTTP/2는 단일 TCP 연결을 통해 전체 요청과 응답을 멀티플렉싱multiplexing하여 애플리케이션 계층에서 최초 TCP 핸드셰이킹handshaking시 발생할 수 있는 HOL 블록킹 이슈를 경감시킵니다. 하지만 TCP 프로토콜 자체에는 변화가 없었기 때문에, 손실된 패킷을 재전송하고 패킷 순서를 재조합하는 패킷 손실 복구 메커니즘과 관련된 이슈는 여전히 남아 있었습니다. HTTP/3에서는 TCP 대신 UDP 프로토콜 기반의 QUIC(발음은 퀵으로 합니다) 프로토콜이 도입되었습니다. UDP 프로토콜에는 연결에 대한 핸드셰이킹 절차나 전송 순서 혹은 패킷 손실 복구를 위한 메커니즘이 존재하지 않기 때문에 더 효율적인 방식으로 전송 과정에서의 문제를 QUIC 프로토콜로 해결할 수 있게 되었습니다.

그뿐만 아니라 HTTP/2 프로토콜에서는 HTTP 헤더 필드에 대한 압축과 요청에 대한 우선순위를 정할 수 있는 기능이 새롭게 추가되었습니다. 이번 장은 엔진엑스에서 HTTP/2와 HTTP/3를 활성화하기 위해 필요한 기본적인 설정을 살펴보고, 구글이 오픈 소스로 제공하는 오픈 소스 원격 프로시저 호출(gRPC)에 대해 다룹니다.

8.1 HTTP/2 활성화하기

문제 HTTP/2가 제공하는 기능의 이점을 활용하기

해결 엔진엑스 서버 설정에서 HTTP/2를 활성화합니다.

```
server {
    listen 443 ssl default_server;
    http2 on;

    ssl_certificate server.crt;
    ssl_certificate_key server.key;
    # ...
}
```

논의 HTTP/2를 활성화하기 위해 `http2` 지시자를 `on`으로 설정합니다. HTTP/2 프로토콜에 반드시 SSL/TLS로 보안된 연결을 사용해야 하는 것은 아니지만 많은 HTTP/2 클라이언트가 HTTP/2 사용 시 반드시 암호화된 연결을 사용하도록 하고 있습니다. 또한 TLSv1.2를 지원하는 몇몇 암호화 알고리즘이 HTTP/2 프로토콜에서 허용되지 않는다는 단점도 있습니다. 다행히 엔진엑스가 기본으로 사용하는 암호화 알고리즘은 HTTP/2의 차단 목록에 포함되지 않습니다. TLS의 애플리케이션 계층 프로토콜 협상Application-Layer Protocol Negotiation (ALPN)은 클라이언트와 서버 사이의 추가적인 라운드 트립 타임round trip time (RTT)을 줄이기 위해 애플리케이션 계층에서 프로토콜 협상을 하도록 해줍니다. 준비한 HTTP/2 셋업에 문제가 없는지 검증하려면 크롬이나 파이어폭스에 플러그인을 설치하거나 명령줄 도구인 `nghttp`를 이용해 웹 사이트가 HTTP/2를 사용하는지 확인합니다.[1]

함께 보기

- HTTP/2 프로토콜 RFC 표준에 기재된 차단 암호화 스위트 목록: *https://oreil.ly/T6mD1*
- HTTP/2와 SPDY 프로토콜 사용 유무를 보여주는 크롬 브라우저 플러그인: *https://oreil.ly/09pYA*
- HTTP/2 사용 유무를 보여주는 파이어폭스 브라우저 애드온: *https://oreil.ly/8MTPW*

1 옮긴이_ 출간 시점 기준 대부분의 브라우저는 내장 개발자 도구로 HTTP/2 사용 유무를 확인하는 기능을 제공합니다.

8.2 HTTP/3 활성화하기

문제 QUIC 프로토콜을 이용해 HTTP/3를 활성화합니다.

해결 엔진엑스 서버의 QUIC 프로토콜을 활성화한 뒤, QUIC 프로토콜을 사용할 수 있는 클라이언트에 대해서는 `Alt-Svc` 헤더를 응답하도록 구성합니다.

```
server {
    # 호환성 유지를 위해 QUIC과 TCP 포트를 동일한 값으로 설정하는 것이 좋습니다.
    listen 443 quic reuseport; # QUIC 프로토콜
    listen 443 ssl; # TCP 프로토콜

    ssl_certificate certs/example.com.crt;
    ssl_certificate_key certs/example.com.key;
    ssl_protocols TLSv1.3;

    location / {
        # QUIC 프로토콜이 활성화된 포트 정보를 클라이언트로 응답합니다.
        add_header Alt-Svc 'h3=":$server_port"; ma=86400';
        # ...
    }
}
```

논의 HTTP/3를 활성화하려면 `listen` 지시자에 `quic` 매개변수를 추가합니다. 그리고 또 다른 `listen` 지시자를 추가해 TCP 연결을 위한 설정도 추가합니다. QUIC 프로토콜을 사용하기 위해서는 TLSv1.3을 이용해야 합니다. 따라서 `ssl_protocol` 지시자에 TLSv1.3을 지정해 QUIC 프로토콜 사용에 문제가 없도록 합시다.

서버가 HTTP/3를 지원한다는 것을 클라이언트에게 알려주기 위해 Alt-Svc 응답 헤더를 추가합니다. 클라이언트가 처음 서버로 HTTP 요청을 보내면 HTTP/1.1이 사용되며 응답 헤더를 수신합니다. 응답 헤더 값의 h3는 HTTP/3를 쓸 수 있다는 것을 뜻하며, 지정된 값은 HTTP/3가 활성화된 포트 번호를 의미합니다. 위 예시에서는 TCP와 UDP 모두 동일한 포트 번호를 사용하고 있습니다. 포트 번호를 하드코딩 하지 않기 위해 `$server_port` 변수를 사용했습니다. 지정된 포트 번호는 클라이언트가 접속할 수 있는 포트여야 하며 포트 매핑 등을 수행하고 있는 경우에는 엔진엑스가 수신하고 있는 포트 번호와 다를 수도 있다는 점에 유의합시

다. `ma`는 max-age의 약어로 제공된 alt-svc 헤더의 정보가 유효한 시간을 나타냅니다. 예시의 경우 클라이언트는 86,400초(24시간) 동안 제공된 서버와 포트 번호로 UDP 요청을 보내게 됩니다.

오픈 소스 엔진엑스 1.25.2 버전과 엔진엑스 플러스 R30부터는 QUIC 모듈이 기본 모듈로 바뀌었기 때문에 소스코드 빌드시 **`--with-http_v3_module`** 플래그를 사용하지 않아도 됩니다. 이전 버전을 사용하면서 HTTP/3를 사용하려면 별도의 TLS 라이브러리[2]와 **`--with-http_v3_module`** 플래그를 이용해 엔진엑스를 컴파일해야 합니다. 집필 시점 기준으로 OpenSSL은 QUIC의 TLS 인터페이스를 완벽하게 지원하고 있지 않습니다. F5의 엔진엑스 팀은 OpenSSL 호환성 계층OpenSSL Compatibility Layer 개발을 통해 quictls, BoringSSL, LibreSSL과 같은 서드파티 TLS 라이브러리를 사용하지 않으면서도 QUIC을 이용할 수 있도록 노력하고 있습니다.[3]

함께 보기

- 엔진엑스 플러스 R30 출시 소식: *https://oreil.ly/B6dYJ*
- 엔진엑스 QUIC 네트워킹 및 암호화 입문: *https://oreil.ly/T_fcM*
- 엔진엑스 QUIC+HTTP/3 구현 버전 프리뷰 바이너리 패키지 출시 소식: *https://oreil.ly/Ow6sx*
- 엔진엑스 HTTP/3 모듈 공식 문서: *https://oreil.ly/hLCrf*

8.3 gRPC

문제 gRPC 메서드 호출을 종결하고, 분석하고, 전달하고 부하를 분산하기

해결 엔진엑스를 이용해 gRPC 연결을 프록시합니다.

```
server {
      listen 80;
```

2 옮긴이_ OpenSSL은 3.4 버전을 목표로 QUIC의 완벽한 지원을 계획하고 있습니다만 번역서 작업 시점 기준으로 아직 출시되지 않았습니다(*https://www.openssl.org/roadmap.html*). QUIC의 완전한 지원이 필요하다면 해당 버전이 출시되기 전까지는 BoringSSL 등의 대체 SSL 솔루션을 통해 QUIC 지원이 가능한 엔진엑스를 빌드해 사용하는 것을 권장합니다.

3 *https://thenewstack.io/how-we-added-quic-support-to-openssl-without-patches-or-rebuilds/*

```
        http2 on;
        location / {
                grpc_pass grpc://backend.local:50051;
        }
}
```

이 설정에서 엔진엑스는 암호화되지 않은 HTTP/2 트래픽을 80 포트로 수신하고, 50051 포트를 사용하는 backend.local 서버로 요청을 프록시합니다. grpc_pass 지시자는 엔진엑스가 사용자 요청을 gRPC 호출로 다루도록 합니다. 서버 이름 앞에 grpc:// 문자열은 붙이지 않아도 무방하지만, 그러면 백엔드 서버와의 통신이 암호화되지 않았음을 직접적으로 나타내게 됩니다.

클라이언트와 엔진엑스 구간에서 TLS 암호화를 활용하면서 사용자 요청을 애플리케이션 서버로 보내기 전에 TLS 세션을 종료시키려면 우선 8.1절 예시 설정처럼 SSL과 HTTP/2를 활성화합니다.

```
server {
        listen 443 ssl default_server;

        http2 on;
        ssl_certificate     server.crt;
        ssl_certificate_key server.key;
        location / {
                grpc_pass grpc://backend.local:50051;
        }
}
```

이 설정은 엔진엑스에서 TLS 세션을 종료시키고 암호화되지 않은 HTTP/2 연결을 사용해 업스트림 애플리케이션으로 gRPC 통신을 수행합니다.

엔진엑스가 애플리케이션 서버로 향하는 gRPC 통신에 종단간end-to-end 트래픽 암호화를 제공하도록 하려면 간단히 grpc_pass 지시자가 grpcs://를 사용하도록 수정하면 됩니다. HTTPS에서처럼 보안 통신을 나타내는 s를 추가했다는 점을 기억합시다.

```
grpc_pass grpcs://backend.local:50051;
```

엔진엑스는 패키지, 서비스, 메서드가 포함된 gRPC URI에 따라 서로 다른 백엔드 서비스로 요청을 전달할 수 있습니다. 이때 location 지시자를 활용합니다.

```
location /mypackage.service1 {
    grpc_pass grpc://$grpc_service1;
}
location /mypackage.service2 {
    grpc_pass grpc://$grpc_service2;
}
location / {
    root /usr/share/nginx/html;
    index index.html index.htm;
}
```

예시 설정은 location 지시자를 사용해서 수신하는 HTTP/2 트래픽을 경로에 따라 서로 다른 gRPC 서비스로 전달하며 정적인 콘텐츠는 별도의 location 분기를 통해 제공합니다. mypackage.service1에 대한 메서드 호출은 $grpc_service1 변숫값을, mypackage.service2에 대한 메서드 호출은 $grpc_service2 변숫값을 이용해 목적지를 설정합니다. 각 변수는 백엔드 서버의 호스트명이나 IP 주소 그리고 포트 번호를 포함합니다. 마지막 location 블록은 / 경로에 대한 요청을 처리하며 HTTP 호출과 정적인 콘텐츠 요청을 담당합니다. 이는 엔진엑스가 어떻게 동일한 HTTP/2 엔드포인트와 경로에서 gRPC인 요청과 gRPC가 아닌 요청을 처리하는지 보여줍니다.

gRPC 요청에 대한 부하분산은 gRPC가 아닌 HTTP 트래픽에 대한 부하분산과 비슷하게 설정합니다.

```
upstream grpcservers {
    server backend1.local:50051;
    server backend2.local:50051;
}

server {
    listen 443 ssl default_server;

    http2 on;
    ssl_certificate     server.crt;
    ssl_certificate_key server.key;
```

```
        location / {
              grpc_pass grpc://grpcservers;
        }
  }
```

upstream 블록은 gRPC에 대해서도 HTTP 트래픽에 대한 방식과 동일하게 동작합니다. 단, grpc_pass 지시자를 통해 upstream을 참조한다는 차이가 있습니다.

논의 엔진엑스는 gRPC 호출 수신, 프록시, 부하분산, 경로 지정, 암호화 종료 등을 할 수 있습니다. gRPC 모듈은 엔진엑스가 gRPC 호출 헤더를 설정 및 변경하거나 버리도록 하고 요청에 대한 타임아웃과 업스트림에 대한 SSL/TLS 명세를 설정합니다. gRPC 통신은 HTTP/2 프로토콜을 통해 이뤄지므로 엔진엑스가 gRPC와 gRPC가 아닌 웹 트래픽을 같은 엔드포인트에서 받도록 설정할 수 있습니다.

CHAPTER 9

정교한 스트리밍

9.0 소개

이 장에서는 엔진엑스를 활용해 MP4[MPEG-4]나 FLV[Flash video] 파일을 스트리밍하는 방법을 살펴봅니다. 엔진엑스는 대규모 사용자를 대상으로 콘텐츠를 배포하거나 스트리밍하는 데 널리 사용되며 이 장에서 다루는 여러 산업 표준 미디어 파일 형식과 스트리밍 기술을 제공합니다. 엔진엑스 플러스는 이에 더해 HTTP 라이브 스트리밍[HTTP Live Streaming](HLS) 모듈을 이용해 콘텐츠를 실시간으로 작게 나눠 전송할 수 있고 이미 작게 쪼개진 미디어 파일을 전송하는 HTTP 동적 스트리밍[HTTP Dynamic Streaming](HDS) 형식 스트리밍도 제공합니다. 엔진엑스는 기본적으로 대역폭 제한 기능을 제공하며 엔진엑스 플러스의 고급 기능을 사용하면 비트레이트 제한도 가능합니다. 따라서 서버의 리소스를 아끼면서 효율적으로 콘텐츠를 전달하도록 설정해 더 많은 사용자에게 콘텐츠를 제공할 수 있습니다.

9.1 MP4와 FLV 서비스하기

문제 MP4나 FLV 형식으로 된 디지털 미디어 파일을 스트리밍하기

해결 `http` 컨텍스트의 `location` 블록을 이용해 .mp4 또는 .flv 비디오 파일을 서비스합니다. 엔진엑스는 프로그레시브 다운로드progressive download[1]나 HTTP 의사스트리밍pseudostreaming을 통해 스트리밍하며 탐색seeking을 지원합니다.

```
http {
    server {
        # ...

        location /videos/ {
            mp4;
        }
        location ~ \.flv$ {
            flv;
        }
    }
}
```

예시에서 첫 번째 `location` 블록은 `videos` 디렉터리에 저장된 파일이 MP4 형식이고 프로그레시브 다운로드를 통해 스트리밍할 수 있음을 엔진엑스에 알려줍니다. 두 번째 `location` 블록은 엔진엑스가 .flv 확장자를 가진 파일을 FLV 형식으로 인식하고 HTTP 의사스트리밍 지원을 통해 스트리밍하도록 합니다.

논의 엔진엑스를 통해 비디오나 오디오 파일을 스트리밍하려면 간단히 지시자 하나만 사용하면 됩니다. 프로그레시브 다운로드를 통해 클라이언트는 미디어 파일 다운로드가 끝나기 전에 재생을 시작할 수 있습니다. 엔진엑스는 비디오와 오디오 파일에서 다운로드가 완료되지 않은 지점에 대해서도 탐색 기능을 제공합니다.

1 옮긴이_ 프로그레시브 다운로드는 모든 MP4 형식 파일에 대해 지원되지는 않으며 탐색에 필요한 MP4 메타데이터 정보가 파일 앞쪽에 위치할 수 있도록 인코딩돼 있어야 합니다. MP4 파일 형식에 대한 내용은 책의 범위를 넘어가므로 인코딩 상태에 따라 기능 동작이 어려울 수 있다는 정도로만 기억해두기 바랍니다.

9.2 HLS 스트리밍(엔진엑스 플러스)

문제 H.264/AAC로 인코딩돼 MP4 형식으로 만들어진 파일을 HTTP 라이브 스트리밍으로 스트리밍하기

해결 엔진엑스 플러스의 HLS 모듈을 활용해 실시간으로 파일을 작게 쪼개고segmentation, 패킷으로 만들며packetization, 멀티플렉싱multiplexing하고, HLS의 규격에서 사용하는 미디어 파일 조각의 버퍼링과 같은 인수를 지정합니다.

```
location /hls/ {
      hls; # HLS 모듈을 사용합니다.

      # HLS 형식 파일이 저장된 경로를 지정합니다.
      alias /var/www/video;

      # HLS 매개변수를 선언합니다.
      hls_fragment            4s;
      hls_buffers        10 10m;
      hls_mp4_buffer_size     1m;
      hls_mp4_max_buffer_size 5m;
}
```

예시의 `location` 블록에 따라 엔진엑스는 `/var/www/video` 경로에 4초 단위로 나뉘어 저장된 HLS 미디어 파일을 스트리밍합니다. HLS 버퍼는 10메가바이트 크기로 10개 생성합니다. 초기 MP4 버퍼 크기는 1메가바이트로 지정하며 최대 5메가바이트까지 허용합니다.

논의 엔진엑스 플러스의 HLS 모듈을 사용해 MP4 미디어 파일을 실시간으로 트랜스코딩transcoding[2]하고 멀티플렉싱할 수 있습니다. 여러 지시자를 통해 미디어 파일을 어떻게 쪼개고 버퍼에 담을지 제어하고, `location` 블록은 미디어 파일을 HLS 핸들러를 통해 HLS로 스트리밍할 수 있도록 설정합니다. HLS 미디어 조각 파일은 초 단위로 설정하며 엔진엑스는 지정한 시간 길이를 참조해 파일을 나눕니다. `hls_buffers` 지시자에는 버퍼의 개수와 크기를 지정해서 버퍼에 쌓아둘 데이터의 크기를 설정합니다. 클라이언트는 `hls_mp4_buffer_size` 지시자에 지정한 크기만큼 조각 파일을 받은 후에 미디어 파일 재생을 시작할 수 있습니다. 하지만 상황

2 옮긴이_ 미디어를 다른 형식으로 변환하는 과정.

에 따라 비디오 파일에 대한 메타데이터가 초기 버퍼 크기보다 클 수 있는데 이때는 버퍼를 더 크게 설정해야 합니다. 버퍼 크기는 `hls_mp4_max_buffer_size` 지시자에 지정한 상한선을 넘을 수 없습니다. 엔진엑스는 이러한 버퍼링 관련 변수들을 사용해 사용자 경험을 최적화하며 각 변수에 대한 최적값은 시청자 규모와 미디어 파일의 특성에 따라 달라집니다. 예를 들어, 미디어 파일이 크고 시청자가 빠른 인터넷 회선을 사용한다면 최대 버퍼 크기를 늘리거나 미디어 파일 조각을 크게 만들 필요가 있습니다. 이를 통해 시청자는 미디어 파일의 메타데이터 정보를 문제없이 다운로드하고 더 크게 만들어진 파일을 받을 수 있습니다.

9.3 HDS 스트리밍(엔진엑스 플러스)

문제 어도비Adobe의 HDS 형식으로 작게 나뉜 미디어 콘텐츠 지원하기

해결 엔진엑스 플러스의 F4Ffragmented FLV files 모듈을 사용해 어도비의 가변 스트리밍 형식인 HDS로 만들어진 콘텐츠를 지원합니다.

```
location /video/ {
    alias /var/www/transformed_video;
    f4f;
    f4f_buffer_size 512k;
}
```

예시는 엔진엑스 플러스가 F4F 모듈을 활용해 미리 작은 파일 조각으로 나뉘어 디스크에 저장된 미디어 파일을 사용자에게 제공하도록 합니다. 인덱스 파일(`f4x`)을 읽을 때 사용하는 버퍼는 512킬로바이트로 설정합니다.

논의 엔진엑스 플러스의 F4F 모듈은 이미 작게 나뉜 미디어 파일을 사용자에게 제공합니다. 설정하려면 간단히 F4F 핸들러를 HTTP `location` 블록 안에 배치합니다. `f4f_buffer_size` 지시자는 가공된 미디어 콘텐츠의 인덱스 파일(`f4x`)에 대한 버퍼 크기를 설정합니다.

9.4 대역폭 제한하기(엔진엑스 플러스)

문제 시청 경험을 해치지 않는 선에서 사용자가 미디어 콘텐츠를 내려받는 네트워크 대역폭을 제한하기

해결 엔진엑스 플러스가 제공하는 MP4 미디어 파일에 대한 비트레이트 제한 기능을 사용합니다.

```
location /video/ {
        mp4;
        mp4_limit_rate_after 15s;
        mp4_limit_rate       1.2;
}
```

이 설정은 콘텐츠를 내려받는 사용자가 비트레이트 제한이 적용되기 전 15초간 대역폭 제한 없이 콘텐츠를 다운로드하도록 합니다. 15초가 지나면 미디어 콘텐츠 비트레이트의 120%까지만 대역폭을 사용하도록 하며, 이를 통해 콘텐츠 재생 속도보다 빠른 다운로드 속도를 제공합니다.

논의 엔진엑스 플러스의 비트레이트 제한 기능은 서버가 제공하는 미디어 콘텐츠를 기반으로 동적으로 대역폭을 제한하고 사용자 경험을 해치지 않는 속도로 파일을 다운로드하도록 합니다. MP4 핸들러는 특정 `location` 블록이 MP4 미디어 파일을 스트리밍하도록 합니다(**9.1 'MP4와 FLV 서비스하기'** 참조). `mp4_limit_rate_after`와 같은 지시자는 엔진엑스가 특정 시간(초 단위)이 지난 후에만 전송률을 제한하도록 합니다. 또 다른 전송률 제한 지시자 `mp4_limit_rate`는 전송률을 미디어 콘텐츠의 비트레이트에 따라 상대적으로 조정하도록 합니다. 예를 들어, `mp4_limit_rate` 지시자에 1을 지정하면 콘텐츠의 비트레이트와 동일한 전송률로 콘텐츠를 전송합니다. 따라서 `mp4_limit_rate` 지시자를 1보다 큰 값으로 지정해 사용자가 충분한 분량의 미디어 파일을 미리 버퍼에 저장하게 함으로써 미디어 재생에 불편함이 없도록 해야 합니다.

CHAPTER 10

클라우드 환경 배포

10.0 소개

클라우드 사업자가 등장하면서 웹 애플리케이션 호스팅 시장의 판도가 바뀌었습니다. 새로운 서버를 준비하려면 수 시간에서 수개월이 필요했지만 이제 클릭 몇 번이나 API 호출이면 충분하죠. 클라우드 사업자들은 서비스형 인프라스트럭처Infrastructure as a Service(IaaS) 방식으로 가상 서버를 빌려주기 시작했고 데이터베이스 같은 소프트웨어도 사용한 만큼 과금[1]하는 방식으로 바뀌었습니다. 그 결과, 엔지니어는 실제 환경과 구성이 동일한 인프라를 순식간에 만들어내고, 리소스가 더 이상 필요하지 않게 되면 언제든지 반납할 수 있습니다. 그뿐 아니라 더 높은 성능이 필요할 때 아주 쉽게 애플리케이션을 수평적으로 확장할 수 있습니다. 이 장에서는 엔진엑스와 엔진엑스 플러스를 주요 클라우드 사업자 환경에 배포하는 데 필요한 기본 사항을 다룹니다.

1 옮긴이_ 'pay-per-usage' 혹은 'pay-as-you-go'라고 하며 분 또는 시간 단위로 사용한 시간에 비례해 요금을 징수합니다.

10.1 자동 프로비저닝 구현하기

문제 AWS 환경에서 엔진엑스 서버 설정을 자동화해 스스로 프로비저닝하도록 하기

해결 이번 절에서는 AWS를 예시로 들고 있지만 애저Azure, 구글 클라우드 플랫폼Google Cloud Platform(GCP), 디지털오션DigitalOcean, 네이버 클라우드 플랫폼Naver Cloud Platform(NCP)등 다른 퍼블릭 클라우드 사업자 환경에서도 핵심 개념은 동일합니다. 아마존 엘라스틱 컴퓨트 클라우드Amazon Elastic Compute Cloud(EC2)의 `UserData`와 미리 만들어둔 아마존 머신 이미지Amazon Machine Image(AMI)를 활용합니다. 엔진엑스와 필요한 패키지들이 설치된 AMI를 만듭니다. EC2의 `UserData`를 이용하면 런타임 시 환경에 맞는 설정을 할 수 있습니다.

논의 AWS 환경에 서버를 프로비저닝할 때는 다음 세 가지 패턴을 고려합니다.

부팅 시 프로비저닝하기
: 일반적인 리눅스 운영체제 이미지로 서버를 시작한 후 부팅 시 설정 관리나 셸 스크립트를 이용해 엔진엑스를 설치하고 설정합니다. 이 방식은 느리고 오류가 발생할 가능성이 많습니다.

완전히 준비된 AMI 사용하기
: 서버에 엔진엑스와 관련된 패키지를 완전히 설치 및 설정한 뒤 AMI를 생성합니다. 이 방식은 부팅 속도가 매우 빠르며 원하는 형상으로 만들어져 있어 정확합니다. 하지만 상대적으로 유연하지 못하고 이미지가 많아지면 관리가 어려워집니다.

부분적으로 준비된 AMI 사용하기
: 앞서 설명한 두 가지를 섞어놓은 방식입니다. 부분적으로 준비됐다는 표현은 필요한 소프트웨어가 설치된 상태로 AMI가 만들어졌고 부팅 시 환경 설정이 완료됨을 의미합니다. 이 패턴은 완전히 준비된 AMI를 사용하는 패턴보다 유연하고 부팅 시 프로비저닝하는 방식보다 빠릅니다.

부분적으로 준비된 것이든 완전히 준비된 것이든 AMI를 생성하고 나면 생성 과정 자체를 자동화하고 싶을 겁니다. 다음과 같은 도구는 AMI 생성 파이프라인을 만드는 데 유용합니다.

설정 관리 도구 활용하기

설정 관리 도구는 서버의 목표 상태를 코드로 정의합니다. 목표 상태란 어떤 엔진엑스 버전을 설치하고 구동할지, 어떤 사용자 계정으로 구동할지, 사용할 DNS 리졸버의 주소는 무엇이며 어떤 업스트림 서버로 요청을 프록시할지 등입니다. 설정 관리 도구를 위한 코드는 소프트웨어 개발 프로젝트처럼 소스 코드가 통제되고 버저닝됩니다. 널리 사용하는 설정 관리 도구는 5장에서 살펴봤듯 셰프, 앤서블 등이 있습니다.

하시코프에서 만든 패커

패커packer는 거의 모든 가상화 환경이나 클라우드 플랫폼에서든 설정 관리 도구 실행을 자동화하며 코드가 성공적으로 실행되고 나면 서버의 이미지 파일을 생성합니다. 패커는 기본적으로 여러분이 선택한 플랫폼에 가상 머신을 생성하고 가상 머신에 SSH로 접근해 프로비저닝한 뒤 이미지를 만듭니다. 패커를 이용해 설정 관리 도구를 실행하고 서버의 이미지 파일을 지정한 규격으로 만들 수 있습니다.

부팅 시 환경 설정을 프로비저닝하려면 아마존 EC2 `UserData`를 활용해 인스턴스가 처음 부팅될 때 필요한 명령을 수행합니다. 부분적으로 준비된 AMI를 사용한다면 패커가 부팅 시 서버 실행 환경과 관련된 항목들을 설정하도록 합니다. 실행 환경 기반의 설정은 요청을 수신할 서버의 이름, 사용할 DNS 리졸버, 프록시할 도메인명 혹은 사용할 업스트림 서버 풀 등이 될 수 있습니다. `UserData`는 base64로 인코딩된 문자열로, 서버가 최초 부팅될 때 다운로드되고 실행됩니다. `UserData`는 AMI가 부팅될 때 사용되는 다른 환경 파일과 마찬가지로 매우 단순하며 AMI에서 사용 가능한 프로그래밍 언어로 작성한 스크립트로 만들어집니다. `UserData`를 배시bash 스크립트로 만들어 특정 변수를 선언하거나 값을 받아오고, 설정 관리 도구로 값을 전달하는 것은 매우 일반적인 사용 방법입니다. 설정 관리 도구는 시스템이 바르게 설정됐는지 확인하고, 환경 변숫값을 통해 설정 파일을 템플릿화하고, 서비스를 리로드합니다. `UserData`의 내용이 실행되고 나면 엔진엑스 서버는 매우 신뢰할 수 있는 방식으로 설정됩니다.

10.2 클라우드 환경에 엔진엑스 가상 머신 배포하기

문제 클라우드 환경에 엔진엑스 서버를 배포하여 서비스 리소스로 부하를 분산하고 요청을 프록시하기

해결 이번 절에서는 애저를 예시로 들고 있지만 AWS, 구글 클라우드 플랫폼, 디지털오션, 네이버 클라우드 플랫폼 등의 퍼블릭 클라우드 사업자 환경에서 엔진엑스 가상 머신을 배포하고 구성하는 과정과 큰 차이는 없습니다.

애저 콘솔의 가상 머신Virtual Machine을 통해 새로운 가상 머신을 생성합니다. 먼저 구독Azure Subscription 방식과 리소스 그룹Resource Group을 선택합니다. 리소스 그룹이 없다면 새로운 리소스 그룹을 생성하도록 옵션을 선택합니다. 가상 머신 이름을 입력하고 지역Region, 가용성 옵션Availability Options, 보안 유형Security Type, 이미지Base Image를 선택합니다. 사용할 리눅스 배포판 정보를 선택하고(원한다면 윈도 이미지를 선택할 수도 있습니다) 가상 머신의 크기와 관리자 계정Administrator Account 정보를 입력합니다. 가상 머신에 SSH로 접근하기 위해 인바운드 포트 규칙Inbound Ports에 22번 포트가 포함되어 있는지 확인합시다. '다음: 디스크' 버튼을 눌러 디스크 설정 탭으로 이동합니다. 가상 머신을 통해 실행할 워크로드에 적합한 디스크 옵션을 설정합시다. 엔진엑스를 이용해 정적 콘텐츠를 제공하거나 리소스를 캐시cache하려는 경우 디스크 크기와 속도를 고려해야 합니다. 설정이 끝난다면 네트워킹Networking 탭으로 이동합시다.

네트워킹 탭에서는 가상 머신에 대한 가상 네트워크Virtual Network와 서브넷Subnet을 설정합니다. 외부 인터넷에서 가상 머신에 접근해야 하기 때문에 공용 IPPublic IP를 할당하고 인바운드 포트에 SSH용 22번 포트가 선택되어 있는지 확인합시다. 추후 가상 머신을 삭제할 때 관련된 애저 리소스들이 깨끗하게 정리되도록 'Delete the public IP and NIC when the VM is deleted' 옵션도 선택합시다.

특별히 설정해야 하는 이유가 없다면 나머지 옵션들은 기본 값을 사용해도 무방합니다. 마지막으로 'Review and Create' 버튼을 눌러 설정한 내용에 문제가 없는지 확인한 뒤 만들기 버튼을 누릅시다. 잠시 기다리면 배포 진행률 화면으로 이동합니다.

진행률을 보여주는 동안 애저는 필요한 모든 리소스를 만들고 설정합니다. 모든 리소스의 생성이 완료되면 'Go to resource' 버튼이 파란색으로 활성화됩니다. 버튼을 누르면 새로 생성한 가상 머신에 대한 정보를 볼 수 있습니다.

가상 머신 속성의 네트워킹 탭을 통해 가상 머신에 할당된 공용 IP를 확인할 수 있습니다. 이 IP와 가상 머신 생성 과정에 제공된 관리자용 크리덴셜을 이용해 가상 머신에 SSH로 접근할 수 있습니다. 선택한 운영체제에서 제공되는 패키지 매니저를 이용해 오픈 소스 엔진엑스나 엔진엑스 플러스를 설치합시다. 설치된 엔진엑스의 설정을 필요한 내용으로 변경한 뒤 설정을 리로드합시다. 다른 방법으로는 가상 머신을 생성 시 고급Advanced 탭에서 제공되는 사용자 지정 데이터 및 Cloud-init을 이용해 엔진엑스를 설치하고 설정하도록 할 수도 있습니다.

논의 애저는 가상화된 클라우드 환경에서 네트워킹과 컴퓨팅에 대한 아주 많은 옵션을 제공하고 있습니다. 가상 머신은 쉽게 생성해 사용할 수 있으며 많은 가능성을 제공해 줍니다. 애저 가상 머신을 이용하면 언제, 어디서든 엔진엑스 서버의 모든 기능을 사용할 수 있습니다.

10.3 엔진엑스 이미지 생성하기

문제 **빠르게 가상 머신을 생성하거나 인스턴스 그룹에 대한 인스턴스 템플릿을 만들기 위해 엔진엑스 이미지를 생성하기**

해결 이번 절에서는 GCP를 예시로 들고 있지만 AWS, 애저, 구글 클라우드 플랫폼, 디지털 오션, 네이버 클라우드 플랫폼 등 퍼블릭 클라우드 사업자 환경에서 가상 머신용 이미지를 만드는 과정과 큰 차이는 없습니다. 가상 머신 인스턴스에 엔진엑스를 설치하고 설정한 뒤 부팅 디스크의 자동 삭제 상태를 `false`로 변경합니다. 디스크의 자동 삭제 상태를 설정하려면 가상 머신을 수정해야 하는데, 디스크 설정 하위에 위치한 수정 페이지에서 'Delete boot disk when instance is deleted'라고 적힌 체크 박스를 해제하고 가상 머신 설정을 저장합니다. 인스턴스에 대한 자동 삭제 상태를 `false`로 변경했으면 인스턴스를 삭제합니다. 삭제할 때 부팅 디스크를 삭제하는 체크 박스는 선택하지 않도록 주의합니다. 이 절차를 통해 가상 머신과 연결되지 않은 엔진엑스가 설치된 부팅 디스크를 확보할 수 있습니다.

인스턴스가 삭제되고 가상 머신에 연결되지 않은 부팅 디스크를 확보했으면 구글 컴퓨트 엔진에서 사용할 수 있는 이미지를 생성합니다. 구글 컴퓨트 엔진 콘솔의 이미지 섹션에서 'Create Image' 메뉴를 선택하고 생성할 이미지의 이름, 패밀리, 설명, 암호화 형식, 소스 형식을 설정합니다. 소스 형식은 디스크이며 앞서 가상 머신에서 분리한 부팅 디스크를 선택하면 됩니다. 'Create' 버튼을 누르면 구글 컴퓨트 엔진이 소스 옵션으로 지정된 부팅 디스크로부터 이미지를 생성합니다.

논의 구글 클라우드 이미지Google cloud image를 이용해 앞서 생성한 서버와 동일한 부팅 디스크를 갖는 가상 머신을 생성할 수 있습니다. 새로운 가상 머신 인스턴스 생성 시 사용한 이미지는 앞서 만든 가상 머신의 설정값을 그대로 가지므로 이 이미지를 통해 생성된 모든 인스턴스는 동일하다고 봐도 무방합니다. 가상 머신 부팅 시 동적으로 패키지를 설치하면서 사설 저장소에 대한 버전 잠금을 사용하지 않으면 패키지의 버전이나 업데이트가 상용 서비스 환경에서 실행되기 전에 검증되지 못할 수 있습니다. 가상 머신 이미지를 활용하면 서버에서 실행되는 모든 패키지가 시험한 버전 그대로 사용되도록 보장되므로 서비스 신뢰도가 높아집니다.

함께 보기

- GCP 환경에서의 커스텀 이미지 생성 공식 문서: *https://oreil.ly/JtnYE*

10.4 클라우드 네이티브 로드밸런서를 쓰지 않고 엔진엑스 노드로 라우팅하기

문제 엔진엑스 앞에 로드 밸런서를 두지 않고 고가용성을 보장하기 위해 엔진엑스 페일오버failover 설정을 만들거나 여러 엔진엑스 노드로 트래픽을 분산하기

해결 이번 절에서는 AWS를 예시로 들고 있지만 애저, 구글 클라우드 플랫폼, 디지털오션, 네이버 클라우드 플랫폼 등 다른 퍼블릭 클라우드 사업자 환경에서도 핵심 개념은 동일합니다. AWS의 라우트53Route 53 DNS 서비스를 이용해 여러 엔진엑스 노드로 요청을 분산하거나 헬스체크 설정을 통해 구성된 엔진엑스 페일오버 서버로 요청을 분산합니다.

논의 DNS는 오랫동안 여러 서버 간 부하를 균형 있게 분산해왔으며 인프라 환경이 클라우드로 변화함에도 변함없이 그 역할을 수행합니다. AWS의 라우트53 서비스는 DNS와 관련된 여러 기능을 제공하며, 기능은 API로 제어됩니다. 라우트53은 일반적인 DNS 트릭을 모두 사용할 수 있습니다. 예를 들어, 단일 A 레코드에서 IP 주소를 여러 개 사용하거나 가중치를 부여

한 A 레코드를 쓸 수 있습니다. 이러한 방법은 엔진엑스 노드를 여러 개 운영할 때 모든 노드가 부하를 균등하게 맡아 처리하게끔 하는 데 유용합니다. 단일 A 레코드에 여러 IP 주소가 사용될 때는 라운드 로빈 알고리즘을 사용합니다. 가중치가 들어간 분산 방법은 A 레코드로 등록된 IP 주소 각각에 가중치를 부여함으로써 부하가 균등하지 않게 분산되도록 합니다.

라우트53은 헬스 체크라는 흥미로운 기능도 제공합니다. 라우트53이 서버와 TCP 연결을 맺거나 HTTP/HTTPS 요청을 보내 서버 상태를 모니터링하도록 설정할 수 있습니다. 헬스 체크는 IP 주소나 호스트명, 포트, URI 경로, 시험 간격, 모니터링, 지리적 위치 등을 활용해 설정합니다. 라우트53은 특정 IP 주소에 대해 헬스 체크 시험이 실패하기 시작하면 DNS 요청에 대한 응답에서 해당 IP 주소를 제외합니다. 고가용성이 필요하다면 주 IP 주소에 대한 헬스 체크 시험 실패 시 두 번째 IP 주소를 사용하도록 라우트53을 설정합니다.

라우트53은 지역 기반 라우팅 기능을 제공해 사용자가 가장 가까운 엔진엑스 노드를 사용하고 낮은 지연 시간으로 서버에 접근하도록 해줍니다. 지역 기반으로 라우팅하면 사용자는 물리적으로 가장 가까우면서 문제가 없는 서버로 연결됩니다. 액티브–액티브 설정으로 여러 인프라를 구성해 사용 중이라면 헬스 체크로 문제가 확인되면 자동으로 다른 지역에 있는 서버를 사용합니다.

라우트53을 이용해 오토스케일링Auto Scaling 그룹[2]으로 구성된 엔진엑스 노드로 트래픽을 보내는 경우 DNS 레코드를 생성하고 삭제하는 작업을 자동화하고 싶을 겁니다. 엔진엑스 노드가 확장될 때 엔진엑스 서버를 라우트53에 추가하고 삭제하는 작업을 자동화하려면 아마존의 오토스케일링 수명 주기 후크lifecycle hook를 이용해 엔진엑스 서버가 직접 IP 주소를 라우트53에 추가 및 삭제하도록 스크립트를 동작시키거나 아마존 람다Amazon Lambda 제품을 이용해 스크립트를 수행합니다. 스크립트들은 아마존 명령줄 인터페이스command-line interface(CLI)나 아마존 소프트웨어 개발 키트software development kit(SDK)를 이용해 라우트53 API를 호출해서 엔진엑스 서버 IP 주소를 추가 및 삭제하고, 서버가 부팅되거나 종료되기 전에 헬스 체크를 추가 및 삭제합니다.

함께 보기

- AWS 라우트53과 엔진엑스 플러스로 글로벌 서버 부하분산 구현하기: *https://oreil.ly/IlhWg*
- AWS EC를 위한 람다 서비스 기반 다이나믹 DNS의 구성하기: *https://oreil.ly/Icmjs*

2 옮긴이_ AWS의 자동화 기능으로, 서버의 지표가 지정된 수치를 초과하거나 하회하면 자동으로 서버를 추가 배포하거나 배포된 서버를 종료합니다.

10.5 로드 밸런서 샌드위치

문제 엔진엑스로 구성된 서버를 오토스케일링하고 애플리케이션 서버 간에 부하를 쉽고 균등하게 분산하기

해결 이번 절에서는 AWS를 예시로 들고 있지만 애저, 구글 클라우드 플랫폼, 디지털오션, 네이버 클라우드 플랫폼 등 다른 퍼블릭 클라우드 사업자 환경의 클라우드 네이티브 로드 밸런서 사이에 엔진엑스를 사용한다는 핵심 개념은 변하지 않습니다. 이번 절의 내용은 오픈 소스 엔진엑스가 대상입니다. 네트워크 로드 밸런서가 제공하는 기능들은 엔진엑스 플러스에서는 기본적으로 제공되기 때문입니다. 우선 네트워크 로드 밸런서Network Load Balancer(NLB)를 생성합니다. 콘솔을 통해 NLB를 만들면 새로운 타깃 그룹을 생성하라는 메시지가 나옵니다. 이때 타깃 그룹을 생성하지 않으면 별도로 타깃 그룹을 생성한 뒤 NLB의 리스너로 연결해야 합니다. 엔진엑스가 설치된 EC2 인스턴스를 실행하는 시작 설정launch configuration이 구성된 오토스케일링 그룹을 생성합니다. 오토스케일링 그룹은 타깃 그룹과 연결하는 설정을 가지며 설정은 오토스케일링 그룹에 생성된 서버가 최초 기동될 때 서버를 자동으로 타깃 그룹에 등록합니다. 타깃 그룹은 NLB의 리스너로 참조됩니다. 업스트림 애플리케이션 서버를 또 다른 NLB와 타깃 그룹에 등록하고 엔진엑스가 이 NLB로 요청을 프록시하도록 설정합시다.

논의 NLB 샌드위치NLB sandwich는 엔진엑스 서버를 NLB에 연결된 오토스케일링 그룹에 넣고 애플리케이션 서버의 오토스케일링 그룹을 또 다른 NLB에 배치하는 패턴입니다([그림 10-1] 참조). NLB를 모든 서버 계층 사이에 위치시키는 이유는 오토스케일링 그룹과 궁합이 잘 맞기 때문입니다. 오토스케일링 그룹은 그룹에 속한 서버의 헬스 체크를 수행해 트래픽을 건강한 노드로만 전달할 뿐 아니라, 자동으로 새로운 노드를 등록하며 종료되는 서버를 그룹에서 제외합니다.

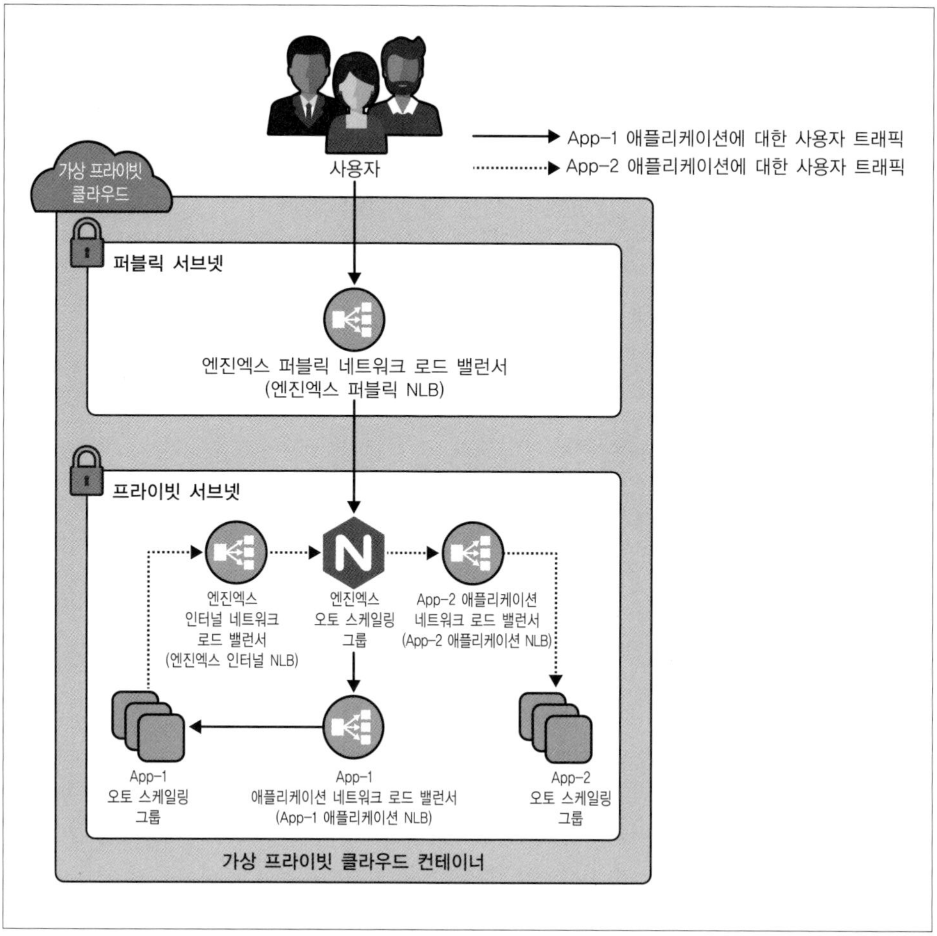

그림 10-1 엔진엑스 서버를 내부 애플리케이션이 활용할 수 있도록 구성한 로드 밸런서 샌드위치 패턴입니다. 사용자는 App-1로 요청을 보내고 App-1은 엔진엑스를 통해 App-2로 요청을 보냄으로써 사용자 요청을 만족시킵니다.

애플리케이션 서버가 엔진엑스를 빈번히 호출한다면 앞서 만든 엔진엑스용 NLB와 별개로 내부용 엔진엑스 NLB를 만들어야 합니다. 애플리케이션 서버가 앞서 만든 NLB를 통해 엔진엑스를 호출하면 네트워크를 잠시 벗어났다 다시 돌아오므로 불필요한 트래픽을 발생시킵니다. 반면에 내부용 엔진엑스 NLB를 구성하면 애플리케이션 서버와 엔진엑스 오토스케일링 그룹이 속한 네트워크를 벗어나지 않은 상태에서 요청을 수행하고 응답을 받습니다. 이는 엔진엑스가 애플리케이션 내 네트워크 트래픽의 중심이 되도록 합니다. NLB 샌드위치는 ELB 샌드위치elastic load balancer sandwich라고도 불리지만 ELB와 ALB가 7계층의 로드 밸런서인 반면 NLB는 4계층의 로드 밸런서이므로 기술적으로는 NLB 샌드위치라는 용어가 더 적합합니다. 7계층 로드 밸런서는 사용자 요청을 프록시 프로토콜PROXY protocol을 통해 변형하는데, 이는 엔진엑스의 기능과 중복됩니다. 이 패턴은 AWS뿐 아니라 다른 퍼블릭 클라우드 사업자 환경에서도 사용할 수 있습니다. 가령 애저 로드 밸런서와 스케일 세트를 사용하거나 구글 클라우드 플랫폼 로드 밸런서와 오토 스케일링 그룹을 사용하는 경우에도 동일한 개념이 적용됩니다. 중요한 것은 애플리케이션 서버 확장시 서버를 자동으로 등록하고 로드 밸런싱하는 과정에 클라우드 네이티브 서비스를 사용하고 로직의 프록시로 엔진엑스를 사용한다는 것입니다.

10.6 동적으로 확장된 엔진엑스 서버 간의 부하분산하기

문제 클라우드 네이티브 로드 밸런서에 연결된 엔진엑스 노드를 부하에 맞춰 늘리거나 줄여 고가용성을 확보하고 동적으로 리소스 사용하기

해결 이번 절에서는 애저를 예시로 들고 있지만 AWS, 구글 클라우드 플랫폼, 디지털오션, 네이버 클라우드 플랫폼 등 퍼블릭 클라우드 사업자 환경에서 여러 서버로 트래픽을 라우팅하도록 부하분산을 구성하는 과정과 큰 차이는 없습니다. 내부용 혹은 외부용 애저 로드 밸런서를 생성합니다. 엔진엑스 가상 머신 이미지나 마켓플레이스에서 엔진엑스 플러스 이미지를 애저 가상 머신 스케일 세트Virtual Machine Scale Set(VMSS)로 배포합니다. 로드 밸런서와 VMSS를 배포한 뒤에는 로드 밸런서의 백엔드 서버 풀로 VMSS를 할당합니다. 트래픽을 수용할 포트와 프로토콜에 대한 부하분산 정책을 설정하고 트래픽을 백엔드 서버 풀로 전달합니다.

논의 고가용성을 확보하거나 피크 시간대의 부하를 과도한 리소스 투입 없이 처리하기 위해 보통 엔진엑스를 확장합니다. 애저 환경에서는 VMSS를 통해 이 작업을 수행합니다. 애저 로드 밸런서를 사용하면 확장이 필요할 때 엔진엑스 노드를 리소스 풀에 추가하거나 삭제하기가 쉬우며, 백엔드 서버 풀의 상태를 확인하고 문제없는 노드로만 트래픽을 보낼 수 있습니다. 내부 네트워크를 통해 들어오는 트래픽만 처리하려면 내부용 애저 로드 밸런서를 엔진엑스 앞에서 운용합니다. 엔진엑스가 VMSS 내의 애플리케이션 앞에 위치한 내부용 로드 밸런서로 트래픽을 프록시하도록 설정하면 로드 밸런서가 백엔드 서버 풀에 서버를 쉽게 추가하거나 삭제할 수 있습니다.

10.7 구글 앱 엔진 프록시 생성하기

문제 애플리케이션 간 컨텍스트 스위칭을 하거나 커스텀 도메인을 사용하는 HTTPS를 제공하기 위해 구글 앱 엔진을 위한 프록시 생성하기

해결 구글 컴퓨트 클라우드에서 엔진엑스를 사용합니다. 구글 컴퓨트 엔진에서 가상 머신을 생성하거나 엔진엑스가 설치된 가상 머신 이미지를 생성하고, 이렇게 만들어진 이미지를 부팅 디스크로 사용하는 인스턴스 템플릿을 만듭니다. 인스턴스 템플릿을 생성했으면 템플릿을 활용해 인스턴스 그룹을 생성합니다.

엔진엑스가 여러분의 구글 앱 엔진 엔드포인트로 요청을 프록시하도록 설정합니다. 구글 앱 엔진은 퍼블릭 인터넷에 노출되는 리소스이므로 엔진엑스가 HTTPS를 사용해 프록시해야 합니다. 엔진엑스에서 HTTPS 연결이 종결되지 않아야 하며 엔진엑스와 구글 앱 엔진 간 통신의 보안이 보장돼야 합니다. 구글 앱 엔진은 단일 DNS 엔드포인트만 제공하기 때문에, 오픈 소스 엔진엑스를 사용하는 경우에는 업스트림 블록보다 `proxy_pass`를 사용하는 것이 안전합니다. 아쉽게도 DNS 해석은 엔진엑스 플러스에서만 가능하기 때문입니다. 구글 앱 엔진으로 요청을 프록시할 때는 엔드포인트를 엔진엑스에서 변수로 설정하고 `proxy_pass` 지시자에서 이 변수를 사용해 모든 요청에 대해 DNS 주소를 확인합시다. 엔진엑스가 DNS 주소를 확인하도록 하려면 `resolver` 지시자를 활용하고 여러분의 환경에 맞는 DNS 리졸버를 사용합니다. 구글은 애니캐스트Anycast 기반 DNS 서비스인 `8.8.8.8`을 누구든 사용할 수 있게 열어뒀습니다. 엔진엑스 플러스를 사용한다면 `resolver` 지시자를 `upstream` 블록에 포함된 `server` 지시자 안에서 사용할 수 있으며 연결에 대한 킵얼라이브keepalive는 물론이고 구글 앱 엔진으로 프록시할 때 업스트림 모듈이 제공하는 모든 이점을 누릴 수 있습니다.

엔진엑스 설정을 구글 클라우드 스토리지에 저장하고 인스턴스를 새로 생성해 부팅 시 설정을 다운로드하고 싶을 수도 있습니다. 이러한 방법을 이용하면 설정 내용을 포함하는 새로운 이미지를 만들지 않아도 됩니다. 다만 엔진엑스 서버 기동 시간이 다소 길어질 수 있다는 점은 기억하기 바랍니다.

논의 직접 소유한 도메인을 사용하거나 애플리케이션이 HTTPS를 사용하도록 강제하고 싶을 때 엔진엑스를 구글 앱 엔진 앞에서 동작하도록 할 수 있습니다. 하지만 구글 앱 엔진은 여러분이 소유한 SSL 인증서를 업로드해 사용하도록 허용하지 않습니다. 따라서 구글이 제공하

는 appspot.com이 아닌 다른 도메인을 통해 애플리케이션을 제공하려면 엔진엑스가 새로운 도메인으로 들어오는 요청을 처리하고 구글 앱 엔진으로 프록시하도록 설정합니다. 엔진엑스는 자신과 사용자 사이의 트래픽은 물론이고 자신과 구글 앱 엔진 사이의 트래픽도 암호화할 수 있습니다.

엔진엑스를 구글 앱 엔진 앞에 놓는 또 다른 상황으로, 여러 구글 앱 엔진 애플리케이션을 같은 도메인으로 서비스하고 엔진엑스가 사용자 요청의 URI를 기반으로 구글 앱 엔진에 요청을 전달하는 경우가 있습니다. 마이크로서비스는 근래에 인기 있는 아키텍처이며 엔진엑스 같은 프록시가 트래픽을 라우팅하는 경우에 널리 사용합니다. 구글 앱 엔진은 애플리케이션 배포를 용이하게 하며 엔진엑스와 결합돼 완전한 애플리케이션 배포 플랫폼으로도 활용됩니다.

CHAPTER 11

컨테이너와 마이크로서비스

11.0 소개

컨테이너container는 애플리케이션 계층에 추상화된 계층을 제공해 애플리케이션 동작에 필요한 패키지와 의존성의 설치를 배포 단계가 아닌 빌드 프로세스 단계로 옮겨줍니다. 이에 따라 엔지니어는 일련의 코드를 실행 환경에 상관없이 일정한 형태로 실행하고 배포할 수 있습니다. 컨테이너를 실행 단위로 격상시킴으로써 복잡해진 의존성과 설정으로 인한 위험을 줄일 수 있고, 따라서 많은 조직이 컨테이너를 통해 애플리케이션을 배포하는 데 힘을 싣고 있습니다. 컨테이너 플랫폼에서 애플리케이션을 실행할 때는 일반적으로 프록시나 로드 밸런서를 비롯해 가능한 한 많은 애플리케이션 스택을 컨테이너화합니다. 엔진엑스는 쉽게 컨테이너화해 배포할 수 있으며 컨테이너화된 애플리케이션을 사용자에게 전달하기 위한 기능을 많이 제공합니다. 이 장에서는 엔진엑스 컨테이너 이미지를 만들고 컨테이너 환경에서 더 잘 동작하게 하는 기능과 생성한 이미지를 쿠버네티스Kubernetes와 오픈시프트OpenShift 환경으로 배포하는 방법을 살펴봅니다.

컨테이너화를 할 때는 보통 서비스를 작은 애플리케이션 여러 개로 쪼갭니다. 쪼개진 요소 각각은 API 게이트웨이API gateway를 통해 다시 연결됩니다. 이번 장에서는 엔진엑스를 API 게이트웨이로 활용해 보안, 검증, 인증을 수행하고 요청을 적절한 서비스로 전달하는 일반적인 시나리오를 살펴봅니다.

컨테이너 환경에서 엔진엑스를 실행할 때는 아키텍처 관점 고려 사항 몇 가지를 검토해야 합니다. 서비스를 컨테이너화하면서 도커 로그 드라이버Docker log driver를 쓰려면 로그를 /dev/stdout으로 내보내고 오류 로그는 /dev/stderr로 내보냅니다. 이와 같이 로그를 도커 로그 드라이버로 보내고 동시에 로깅 서버로 전달합니다.

컨테이너 환경에서 엔진엑스 플러스를 사용할 때 어떤 부하분산 방법을 사용할지도 생각해봐야 합니다. `least_time` 부하분산 알고리즘은 컨테이너 환경을 고려해 설계됐습니다. 낮은 응답 시간에 우선순위를 두므로 엔진엑스 플러스는 수신하는 요청을 평균 응답 시간이 가장 빠른 업스트림 서버로 보냅니다. 모든 업스트림 서버가 성능이 비슷하고 부하가 적절히 분산되는 환경이라면 엔진엑스 플러스는 네트워크 지연 시간이 짧거나 가장 가까운 네트워크로 판단되는 서버에 우선적으로 사용합니다.

11.1 엔진엑스를 API 게이트웨이로 사용하기

문제 수신한 API 요청을 요구사항에 따라 검증, 인증, 조작한 후 업스트림 서버로 라우팅하기

해결 엔진엑스나 엔진엑스 플러스를 API 게이트웨이로 사용합니다. API 게이트웨이는 업스트림 서버의 API에 대한 진입점을 제공합니다. 이 절에서는 API 게이트웨이의 핵심 개념을 중점적으로 살펴봅니다. API 게이트웨이 동작에 관한 자세한 내용은 이 책의 다른 장을 참조하거나 리엄 크릴리Liam Crilly가 쓴 엔진엑스 관련 전자책 『엔진엑스 플러스를 API 게이트웨이로 배포하기Deploying NGINX Plus as an API gateway』[1]를 살펴보기 바랍니다.

API 게이트웨이를 설정하려면 `server` 블록을 정의하는 별도의 설정 파일을 생성합니다. 파일 이름은 `/etc/nginx/api_gateway.conf` 정도면 무난합니다.

```
server {
      # 7장에서 다룬 SSL 설정을 참고합니다.
      listen 443 ssl;
      server_name api.company.com;
      default_type application/json;
}
```

1 *https://oreil.ly/75l-m*

몇 가지 기본적인 오류 코드에 대한 동작을 server 블록에 추가합니다.

```
proxy_intercept_errors on;

error_page 400 = @400;
location @400 {
      return 400 '{"status":400,"message":"Bad request"}\n';
}

error_page 401 = @401;
location @401 {
      return 401 '{"status":401,"message":"Unauthorized"}\n';
}

error_page 403 = @403;
location @403 {
      return 403 '{"status":403,"message":"Forbidden"}\n';
}

error_page 404 = @404;
location @404 {
      return 404 '{"status":404,"message":"Resource not found"}\n';
}
```

이 설정은 /etc/nginx/api_gateway.conf 파일의 server 블록에 직접 추가해도 되지만 별도의 파일로 만들어 include 지시자로 불러오는 방법도 좋습니다. include 지시자는 **1.6 'include 구문을 사용해 깔끔한 설정 만들기'**에서 다뤘습니다.

생성한 API 게이트웨이 설정은 include 지시자를 사용해 주 설정 파일인 nginx.conf의 http 컨텍스트로 불러옵니다.

```
include /etc/nginx/api_gateway.conf;
```

이제 업스트림 서버의 엔드포인트를 정의합니다. 2장에서 upstream 블록을 사용해 부하를 분산하는 방법을 살펴봤습니다. 기억이 나지 않는 독자를 위해 2장 내용을 복기해 보면 upstream은 server 컨텍스트가 아닌 http 컨텍스트에서 유효한 지시자입니다. 따라서 다음 업스트림 설정은 include 지시자를 이용해 불러오거나 server 블록 바깥에 정의합니다.

```
upstream service_1 {
        server 10.0.0.12:80;
        server 10.0.0.13:80;
}
upstream service_2 {
        server 10.0.0.14:80;
        server 10.0.0.15:80;
}
```

요구사항에 따라 전체 서비스를 정의한 파일을 인라인으로 불러오거나 서비스 단위로 불러옵니다. 어떤 경우에는 서비스가 프록시하는 location의 엔드포인트가 될 수도 있습니다. 이때는 엔드포인트의 이름을 변수에 저장해두고 설정 전반에서 사용하는 편이 좋습니다. 5장에서는 upstream 블록에 서버를 자동으로 추가하고 삭제하는 방법을 살펴봤습니다.

각 서비스에 대한 server 블록에 내부 라우팅할 수 있는 location 블록을 만듭니다.

```
location = /_service_1 {
        internal;
        # 서비스에 대한 공통 설정을 추가합니다.
        proxy_pass http://service_1/$request_uri;
}
location = /_service_2 {
        internal;
        # 서비스에 대한 공통 설정을 추가합니다.
        proxy_pass http://service_2/$request_uri;
}
```

서비스들에 대해 내부 라우팅할 수 있는 location 블록을 정의하면 서비스에 관계없이 공통적으로 필요한 설정은 반복해서 정의하지 않아도 됩니다.

여기서 중요한 것은 대상 서비스별로 지정된 URI 경로들을 처리할 수 있도록 location 블록을 만드는 일입니다. 이 블록은 요청이 적절한 업스트림 경로로 라우팅되도록 합니다. 이처럼 API 게이트웨이는 단순히 경로 기반으로 요청을 라우팅할 수 있을 뿐만 아니라 API URI별로 특정한 규칙을 갖도록 자세하게 정의할 수도 있습니다. 나중에 각 조직이나 서비스를 위한 개별 파일 구조를 만들고 싶어지면 엔진엑스의 include 지시자로 설정 파일을 불러오기만 하면 됩니다. 이 개념은 **1.6 'include 구문을 사용해 깔끔한 설정 만들기'**에서 다뤘습니다.

API 게이트웨이를 위한 새로운 디렉터리를 만들어봅시다.

```
mkdir /etc/nginx/api_conf.d
```

설정 구조에 적합한 위치에 만들어진 파일에 location 블록을 정의해 서비스의 규격을 만듭니다. rewrite 지시자를 사용해, 요청을 서비스로 프록시하도록 정의한 location 블록으로 요청을 보냅니다. 다음 명령에서 rewrite 지시자는 엔진엑스가 변경된 URI로 다시 요청을 처리하도록 합니다. 정의한 규칙은 특정 API 리소스에 사용 가능한 HTTP 메서드를 제한하고 앞서 정의한 서비스용 내부 공통 프록시 location 블록으로 요청을 보냅니다.

```
location /api/service_1/object {
        limit_except GET PUT { deny all; }
        rewrite ^ /_service_1 last;
}
location /api/service_1/object/[^/]*$ {
        limit_except GET POST { deny all; }
        rewrite ^ /_service_1 last;
}
```

이 과정을 각 서비스에 대해 적용하고 파일이나 디렉터리 구조와 같은 논리적인 분기를 도입함으로써 사용 사례를 효율적으로 조직화할 수 있습니다. 책에서 설명하는 여러 정보를 활용해 세부적이고 제한적인 API location 블록을 설정합시다.

location 블록이나 upstream 블록에 대해 개별 파일이 사용됐다면 블록들이 server 컨텍스트에 포함돼 있는지 확인합니다.

```
server {
        # 7장에서 다룬 SSL 설정을 참고합니다.
        listen 443 ssl;
        server_name api.company.com;
        default_type application/json;

        include api_conf.d/*.conf;
}
```

개인적인 리소스를 보호하려면 간단히 사전에 공유된 API 키를 사용하거나 6장에서 살펴본 여러 방법으로 인증을 활성화합니다. 다만 다음 예시에서 사용한 `map` 지시자는 `http` 컨텍스트에서만 유효하다는 점에 유의하기 바랍니다.

```
map $http_apikey $api_client_name {
      default "";
      "j7UqLLB+yRv2VTCXXDZ1M/N4" "client_one";
      "6B2kbyrrTiIN8S8JhSAxb63R" "client_two";
      "KcVgIDSY4Nm46m3tXVY3vbgA" "client_three";
}
```

2장에서 배운 방법을 활용해 엔진엑스로 백엔드의 서비스를 공격으로부터 보호합니다. `http` 컨텍스트에서 요청 제한을 위한 공유 메모리 영역을 정의합니다.

```
limit_req_zone $http_apikey zone=limitbyapikey:10m rate=100r/s;
limit_req_status 429;
```

주어진 컨텍스트를 빈도 제한과 인증으로 보호합니다.

```
location /api/service_2/object {
      limit_req zone= limitbyapikey;

      # 다음 if 문들을 별도 파일로 옮기고 include 지시자를 사용할 수도 있습니다.
      if ($http_apikey = "") {
            return 401;
      }
      if ($api_client_name = "") {
            return 403;
      }
      limit_except GET PUT { deny all; }
      rewrite ^ /_service_2 last;
}
```

API 게이트웨이로 시험 요청을 보내 설정이 의도대로 동작하는지 확인합니다.

```
$ curl -H "apikey: 6B2kbyrrTiIN8S8JhSAxb63R" https://api.company.com/api/service_2/object
```

논의 API 게이트웨이는 API에 대한 진입점을 제공합니다. 다소 모호하고 당연하게 느껴질 수 있으니 좀 더 자세히 이야기해봅시다. 서로 다른 서비스 간의 통신은 서비스의 여러 계층에서 일어납니다. 독립된 두 서비스가 서로 통신하려면 API 버전에 대한 계약 관계가 있어야 합니다. 계약 관계는 서비스의 호환성을 보장하며 API 게이트웨이는 계약 관계를 대신해 인증, 권한 부여, 변형, 서비스 간 요청 전달 등을 수행합니다.

이 절에서는 엔진엑스를 API 게이트웨이로 사용해 요청을 허가 및 인증하고 특정한 서비스로 보내 사용을 제한했습니다. 이 전략은 단일 API가 여러 서비스 사이에 나뉘는 마이크로서비스 아키텍처에 널리 쓰입니다.

지금까지 배운 내용을 활용해 여러분의 상황에 맞는 사양으로 엔진엑스 서버 설정을 만들어 보기 바랍니다. 책에서 다룬 여러 핵심 개념을 함께 사용해 요청을 인증하고, URI 경로에 대해 권한을 부여하고, 요청을 라우팅하거나 재작성할 수 있으며, 접근을 제한하거나 유효한 요청에 대한 기준을 만들고 적용할 수 있습니다. API 게이트웨이를 만드는 데 정답은 없습니다. 사용 사례에 따라 다양하고 무한한 해법이 있습니다.

API 게이트웨이는 운영 조직과 애플리케이션 팀이 진정한 데브옵스DevOps 조직을 만드는 데 필요한 협업 공간을 제공합니다. 애플리케이션 개발은 주어진 사용자 요청이 유효한지 판단하는 매개변수를 정의하고, 이러한 요청을 처리하는 일은 보통 IT(네트워크, 인프라, 보안, 미들웨어 팀)라 부르는 조직에서 관리합니다. 이때 API 게이트웨이는 운영 조직과 애플리케이션 팀을 연결해 주는 인터페이스로 동작합니다. API 게이트웨이를 만들려면 양쪽에서 요구사항을 받아야 하며 요구사항을 설정하는 것은 형상 관리 도구와 같은 것으로 관리돼야 합니다. 근래에 많은 소스 코드 저장소는 코드 소유자code owner 개념이 있어, 특정 파일에 대한 작업 시 특정 사람의 승인을 받도록 합니다. 이러한 방식을 통해 팀들이 협업하면서도 변경이 발생하는 부분을 검증합니다.

API 게이트웨이를 다룰 때는 URI 경로를 염두에 둬야 합니다. 예시 설정에서는 전체 URI 경로가 업스트림 서버로 전달됩니다. 이는 `service_1`에 대한 예시는 `/api/service_1/*` 경로에 대한 요청을 다뤄야 함을 의미합니다. 이처럼 경로 기반으로 라우팅할 때는 애플리케이션 간에 경로가 충돌하지 않도록 합니다.

경로 충돌이 발생하는 경우 몇 가지 회피 방법이 있습니다. 코드를 수정해서 충돌을 해결하거나 충돌이 발생하는 애플리케이션에 URI 접두어를 추가해 서로 다른 컨텍스트를 통해 처리되도록 합니다. 하지만 직접 개발한 소프트웨어가 아니면 경로를 수정할 수 없으므로 요청 URI에 대한 업스트림 설정을 다시 할 수밖에 없습니다. 다만 애플리케이션이 HTTP 응답 본문에 링크를 제공하는 경우 정규 표현식을 사용해 바디의 링크값을 변경해 사용자에게 제공할 수도 있습니다. 물론 이 방법은 권장하지 않습니다.

함께 보기

- 『엔진엑스 플러스를 API 게이트웨이로 배포하기Deploying NGINX Plus as an API gateway』: *https://oreil.ly/75l-m*

11.2 DNS의 SRV 레코드 활용하기(엔진엑스 플러스)

문제 이미 구성된 DNS의 SRV 레코드를 활용해 엔진엑스 플러스의 업스트림 서버 설정하기

해결 엔진엑스 플러스가 SRV 레코드를 부하분산 풀로 활용하도록 `upstream` 블록의 `server` 지시자에 `service` 매개변숫값을 `http`로 지정합니다.

```
http {
    resolver 10.0.0.2 valid=30s;
    upstream backend {
        zone backends 64k;
        server api.example.internal service=http resolve;
    }
}
```

이 기능은 엔진엑스 플러스에서만 제공됩니다. 예시 설정은 엔진엑스 플러스가 IP 주소가 `10.0.0.2`인 DNS 서버로 질의를 보내고 `server` 지시자 한 개를 사용해 업스트림 서버 풀을 셋업하도록 합니다. `server` 지시자는 `resolver` 매개변수를 사용해 DNS 레코드의 TTL 값을 참조해서 DNS 질의를 주기적으로 다시 수행할 수 있습니다. 혹은 `http` 블록 앞쪽에 있는 `resolver` 지시자에 `valid` 매개변수를 사용해 DNS 레코드에 지정된 TTL 값을 무시하고 질의를 갱신할 주기를 지정할 수 있습니다. `service=http` 매개변수는 지정된 서버 도메인이

SRV 레코드이며 업스트림 서버로 사용할 IP 주소와 포트의 목록을 담고 있음을 엔진엑스에 알려줍니다. 엔진엑스는 이전까지 `server` 지시자를 통해 업스트림 서버를 여러 개 지정해 부하분산했던 것처럼 SRV 레코드에 지정된 IP 주소와 포트 목록에 대해 부하분산을 합니다.

논의 클라우드 기반 인프라에 대한 수요와 적용이 늘어나면서 동적인 인프라가 점차 인기를 얻고 있습니다. 오토스케일링 환경에서 서비스는 부하에 따라 서버 수를 늘리거나 줄이는 방식으로 수평적으로 확장합니다. 수평적으로 확장하려면 서버 풀에 리소스를 추가하거나 제거할 수 있는 로드 밸런서가 필요합니다. DNS의 SRV 레코드를 사용하면 풀에 추가하거나 제거할 대상이 되는 서버 목록을 관리하는 책임에서 자유로워집니다. 이러한 형태의 설정은 컨테이너 환경을 사용할 때 굉장히 매력적인 방법입니다. 애플리케이션이 컨테이너 환경에서 동작하는 경우 동일한 IP 주소를 사용하거나 다양한 포트를 사용할 때가 많기 때문입니다. DNS 질의는 기본적으로 UDP 프로토콜을 사용하며 DNS 응답의 크기는 512바이트로 제한되므로 많은 IP 정보를 전달받기 힘들 수 있다는 점에 유의합시다.[2]

11.3 공식 엔진엑스 컨테이너 이미지 사용하기

문제 **도커 허브Docker Hub에 등록된 엔진엑스 이미지를 이용해 빠르게 엔진엑스 서버 시작하기**

해결 도커 허브가 제공하는 엔진엑스 이미지를 사용합니다.[3] 이 이미지는 기본 설정을 포함합니다. 로컬 환경에 만들어둔 설정 경로를 마운트하거나 도커 파일Dockerfile을 만들고 `COPY` 명령을 사용해 기본 설정을 변경할 수 있도록 이미지를 만듭니다. 다음과 같은 한 줄짜리 명령어를 이용해 엔진엑스의 기본 설정이 정적 콘텐츠를 서비스하도록 콘텐츠가 저장된 경로를 볼륨으로 마운트합니다.

```
$ docker run --name my-nginx -p 80:80 -v /path/to/content:/usr/share/nginx/html:ro -d nginx
```

---

2 옮긴이_ 근래 널리 사용되는 DNS 소프트웨어는 대부분 TCP와 UDP 모두 기본으로 사용합니다. 다만 인프라스트럭처가 구성돼 있는 네트워크 환경에서 DNS의 기본 포트인 53번에 대해 TCP, UDP 프로토콜이 모두 허용돼 있는지는 확인해봐야 합니다.

3 *https://oreil.ly/8zvNE*

이 docker 명령은 로컬에 저장된 엔진엑스 이미지가 없으면 도커 허브에 등록된 가장 최신 엔진엑스 이미지인 nginx:latest를 가져옵니다. 이미지를 다운로드하면 컨테이너를 실행하고 로컬 환경의 80 포트를 엔진엑스 컨테이너의 80 포트와 매핑합니다. 그리고 로컬 경로인 /path/to/content를 컨테이너의 /usr/share/nginx/html/ 볼륨으로 읽기 전용으로 마운트합니다. 엔진엑스의 기본 설정은 이 경로를 이용해 정적 콘텐츠를 서비스합니다. 로컬 환경을 컨테이너에 매핑할 때는 로컬 환경의 포트와 디렉터리를 먼저 적어 주고 그다음에 컨테이너의 포트와 디렉터리를 적습니다.

논의 엔진엑스는 도커 허브와 아마존 엘라스틱 컨테이너 레지스트리Amazon Elastic Container Registry를 통해 엔진엑스의 공식 컨테이너 이미지를 제공합니다. 공식 도커 이미지를 이용하면 엔진엑스를 쉽고 빠르게 준비하고 운영할 수 있습니다. 이 절에서는 간단한 명령 하나로 엔진엑스를 실행할 수 있었습니다. 예시에서 사용한 엔진엑스 공식 컨테이너 이미지는 데비안Debian을 기반으로 한 도커 이미지입니다. 물론 필요하다면 알파인 리눅스Alpine Linux나 최근에 커밋된 내용이 반영된 메인라인mainline 버전의 이미지, 혹은 펄Perl모듈이 설치된 컨테이너 이미지를 사용할 수도 있습니다. 도커 파일과 공식 이미지에 대한 소스 코드는 깃허브 저장소에 있습니다(**'함께 보기'** 참조). 공식 이미지는 직접 도커 파일을 만들고 FROM 명령으로 공식 이미지를 지정함으로써 확장 가능합니다. 공식 이미지를 수정하지 않고 엔진엑스 설정을 덮어쓰려면 설정이 저장된 경로를 도커 볼륨으로 마운트합니다. 엔진엑스 공식 컨테이너 이미지는 엔진엑스를 루트root 사용자로 실행합니다. 오픈시프트OpenShift와 같이 특권privileged 사용자를 이용한 서비스 실행이 제한된 플랫폼에서는 특권 사용자를 쓰지 않도록 구성된 공식 이미지를 이용할 수 있습니다.

함께 보기

- 엔진엑스 공식 컨테이너 이미지: *https://oreil.ly/8zvNE*
- 엔진엑스 도커 깃허브 저장소: *https://oreil.ly/oUpJ9*
- 비특권 사용자로 실행되는 엔진엑스 컨테이너 이미지: *https://oreil.ly/72Tir*

11.4 엔진엑스 도커 파일 생성하기

문제 컨테이너 이미지를 만들기 위해 엔진엑스 도커 파일을 생성하기

해결 F5는 깃허브를 통해 엔진엑스 컨테이너 이미지를 만들기 위한 도커 파일을 관리, 배포하고 있습니다. 제공되는 도커 파일을 수정하여 필요한 목적에 맞는 도커 파일을 만들 수 있습니다. 깃허브 저장소에는 엔진엑스 설치를 도와주는 여러 스크립트도 공개되어 있습니다. 직접 처음부터 새롭게 만들지 말고 F5 깃허브 저장소[4]를 먼저 살펴볼 것을 권합니다.

사용 중인 리눅스 배포판의 엔진엑스 컨테이너 이미지를 `FROM` 명령에 지정합니다. 예시에서는 데비안 배포판 12버전을 사용했습니다. 패키지 매니저가 최신 상태로 업데이트 되었는지 확인하고 패키지 매니저가 리눅스 배포판에 대한 엔진엑스 공식 저장소를 사용할 수 있도록 저장소 정보와 서명키를 설치합시다. `COPY` 명령을 이용해 여러분이 만든 엔진엑스 설정 파일을 컨테이너 이미지에 추가합시다. `COPY` 명령은 로컬 디렉토리에 저장된 파일을 컨테이너 이미지에 복사합니다. 이를 통해 기본 엔진엑스 설정을 여러분이 만든 설정으로 교체할 수 있습니다. 필요한 경우 `EXPOSE` 명령을 이용해 도커가 지정된 포트를 노출하도록 하거나, 이미지를 컨테이너로 실행할 때 수작업으로 포트를 노출시킬 수 있습니다. 이미지가 컨테이너로 인스턴스화되면 `CMD` 명령으로 엔진엑스를 시작합니다. 간혹 엔진엑스를 포어그라운드에서 실행해야 할 때가 있는데, 실행 명령에 `-g "daemon off;"` 매개변수를 지정하거나 엔진엑스 설정에 `daemon off;`를 지정하면 됩니다. 엔진엑스의 접근 로그를 `/dev/stdout`으로 보내고 오류 로그를 `/dev/stderr`로 보내기 위해 엔진엑스 설정을 변경할 필요가 있습니다. 그러면 도커 데몬이 로그 파일들을 다룰 수 있고 도커에서 사용하는 로그 드라이버를 기반으로 보다 쉽게 로그를 처리하게 됩니다. 엔진엑스가 제공하는 다음 도커 파일을 살펴봅시다.[5]

```
FROM debian:bookworm-slim

LABEL maintainer="NGINX Docker Maintainers <docker-maint@nginx.com>"

ENV NGINX_VERSION   1.27.0
ENV NJS_VERSION     0.8.4
ENV NJS_RELEASE     3~bookworm
```

---

4 *https://oreil.ly/RVUk1*

5 옮긴이_ 출간일 기준으로 깃허브에 등록된 도커 파일 내용입니다. *https://github.com/nginxinc/docker-nginx/blob/master/mainline/debian/Dockerfile*

```
ENV PKG_RELEASE     1~bookworm

RUN set -x \
# 먼저 nginx 사용자와 그룹을 생성해 컨테이너 이미지 사용 방식에 관계 없이
# 일관성을 유지하도록 합니다.
    && groupadd --system --gid 101 nginx \
    && useradd --system --gid nginx --no-create-home --home /nonexistent \
    --comment "nginx user" --shell /bin/false --uid 101 nginx \
    && apt-get update \
    && apt-get install --no-install-recommends --no-install-suggests -y gnupg1 \
    ca-certificates \
    && \
    NGINX_GPGKEYS=" \
        573BFD6B3D8FBC641079A6ABABF5BD827BD9BF62 \
        8540A6F18833A80E9C1653A42FD21310B49F6B46 \
        9E9BE90EACBCDE69FE9B204CBCDCD8A38D88A2B3 \
    "; \
    NGINX_GPGKEY_PATH=/etc/apt/keyrings/nginx-archive-keyring.gpg; \
    export GNUPGHOME="$(mktemp -d)"; \
    found=''; \
    for server in \
            hkp://keyserver.ubuntu.com:80 \
            pgp.mit.edu \
    ; do \
            echo "Fetching GPG key $NGINX_GPGKEY from $server"; \
            gpg1 --keyserver "$server" --keyserver-options timeout=10 --recv-keys \
            "$NGINX_GPGKEY" && found=yes && break; \
    done; \
    test -z "$found" && echo >&2 "error: failed to fetch GPG key $NGINX_GPGKEY" \
    && exit 1; \
    gpg1 --export "$NGINX_GPGKEY" > "$NGINX_GPGKEY_PATH" ; \
    rm -rf "$GNUPGHOME"; \
    apt-get remove --purge --auto-remove -y gnupg1 && rm -rf /var/lib/apt/lists/* \
    && dpkgArch="$(dpkg --print-architecture)" \
    && nginxPackages=" \
            nginx=${NGINX_VERSION}-${PKG_RELEASE} \
            nginx-module-xslt=${NGINX_VERSION}-${PKG_RELEASE} \
            nginx-module-geoip=${NGINX_VERSION}-${PKG_RELEASE} \
            nginx-module-image-filter=${NGINX_VERSION}-${PKG_RELEASE} \
            nginx-module-njs=${NGINX_VERSION}+${NJS_VERSION}-${NJS_RELEASE} \
    " \
    && case "$dpkgArch" in \
            amd64|arm64) \
# 업스트림에 빌드되어 있는 공식 아키텍처
```

```
                    echo "deb [signed-by=$NGINX_GPGKEY_PATH] \
                    https://nginx.org/packages/mainline/debian/ bookworm nginx" >> \
                    /etc/apt/sources.list.d/nginx.list \
                    && apt-get update \
                    ;; \
            *) \
# 업스트림이 공식적으로 제공하지 않는 아키텍처는 소스 코드로부터 직접 빌드합니다.
                    echo "deb-src [signed-by=$NGINX_GPGKEY_PATH] \
                    https://nginx.org/packages/mainline/debian/ bookworm nginx" >> \
                    /etc/apt/sources.list.d/nginx.list \
                    \
# 소스코드와 .deb 파일을 저장할 디렉토리를 생성합니다.
# (패키지 매니저의 "_apt" 사용자가 액세스 할 수 있도록 디렉토리 권한을 777로 설정합니다.)
                    && tempDir="$(mktemp -d)" \
                    && chmod 777 "$tempDir" \
                    \
# 빌드와 관련된 의존성을 깔끔하게 삭제하기 위해 현재 설치된 패키지 목록을 저장합니다.
                    && savedAptMark="$(apt-mark showmanual)" \
                    \
# apt-get이 검증한 업스트림 소스 패키지를 이용해 .deb 파일을 빌드합니다.
                    && apt-get update \
                    && apt-get build-dep -y $nginxPackages \
                    && ( \
                            cd "$tempDir" \
                            && DEB_BUILD_OPTIONS="nocheck parallel=$(nproc)" \
                            apt-get source --compile $nginxPackages \
                    ) \
# 목록에 포함된 패키지는 다시 다운로드되기 때문에 바로 나중에 삭제합니다.
                    \
# "purge --auto-remove" 명령이 모든 의존성을 삭제하도록 하기 위해
# apt-mark의 "manual" 목록을 초기화합니다.
# (빌드된 패키지를 설치한 이후의 일이기 때문에 중복된 의존성을 다시 다운로드 하지
# 않아도 됩니다.)
                    && apt-mark showmanual | xargs apt-mark auto > /dev/null \
                    && { [ -z "$savedAptMark" ] || apt-mark manual $savedAptMark; } \
                    \
# 로컬 임시 APT 저장소를 만듭니다(어디에서 의존성을 가져올지는 APT가 판단합니다).
                    && ls -lAFh "$tempDir" \
                    && ( cd "$tempDir" && dpkg-scanpackages . > Packages ) \
                    && grep '^Package: ' "$tempDir/Packages" \
                    && echo "deb [ trusted=yes ] file://$tempDir ./" > \
                    /etc/apt/sources.list.d/temp.list \
# 다음의 APT 퍼미션 오류를 회피하기 위해 "Acquire::GzipIndexes=false"를 이용합니다.
#   Could not open file /var/lib/apt/lists/partial/_tmp_tmp....._Packages - open
```

```
#   (13: Permission denied)
#   ...
#   E: Failed to fetch store:/var/lib/apt/lists/partial/_tmp_tmp....._Packages
#   Could not open file /var/lib/apt/lists/partial/_tmp_tmp....._Packages - open
#   (13: Permission denied)
                    && apt-get -o Acquire::GzipIndexes=false update \
                    ;; \
    esac \
    \
    && apt-get install --no-install-recommends --no-install-suggests -y \
                            $nginxPackages \
                            gettext-base \
                            curl \
    && apt-get remove --purge --auto-remove -y && rm -rf /var/lib/apt/lists/* \
    /etc/apt/sources.list.d/nginx.list \
    \
# 빌드후 남은 의존성을 제거합니다.
    && if [ -n "$tempDir" ]; then \
            apt-get purge -y --auto-remove \
            && rm -rf "$tempDir" /etc/apt/sources.list.d/temp.list; \
    fi \
# 액세스 로그와 오류 로그를 도커 로그 컬렉터로 전달합니다.
    && ln -sf /dev/stdout /var/log/nginx/access.log \
    && ln -sf /dev/stderr /var/log/nginx/error.log \
# docker-entrypoint.d 디렉터리를 생성합니다.
    && mkdir /docker-entrypoint.d

COPY docker-entrypoint.sh /
COPY 10-listen-on-ipv6-by-default.sh /docker-entrypoint.d
COPY 15-local-resolvers.envsh /docker-entrypoint.d
COPY 20-envsubst-on-templates.sh /docker-entrypoint.d
COPY 30-tune-worker-processes.sh /docker-entrypoint.d
ENTRYPOINT ["/docker-entrypoint.sh"]

EXPOSE 80

STOPSIGNAL SIGQUIT

CMD ["nginx", "-g", "daemon off;"]
```

논의 컨테이너 이미지에 설치된 패키지와 업데이트를 완전히 통제하고 싶다면 직접 도커 파일을 만드는 편이 좋습니다. 이미지 저장소를 직접 운영하면, 기본 엔진엑스 이미지가 신뢰할 만하며 미리 시험했음을 보증할 수 있습니다.

함께 보기

- 엔진엑스 공식 컨테이너 깃허브 저장소: *https://oreil.ly/6AyX4*

11.5 엔진엑스 플러스 컨테이너 이미지 생성하기

문제 컨테이너 환경에서 엔진엑스 플러스를 실행하기 위해 엔진엑스 플러스 컨테이너 이미지 만들기

해결 F5는 공식 블로그[6]를 통해 도커 파일을 이용한 최신 엔진엑스 설치 정보를 공유하고 있습니다. 이러한 도커 파일을 기반으로 각자 필요한 도커 파일을 생성할 수 있습니다. 블로그에 게재된 도커 파일을 이용하여 엔진엑스 플러스 컨테이너 이미지를 만듭시다. 세부적인 내용은 11.4절에서 오픈 소스 엔진엑스를 소개한 구성 방법과 동일합니다. 다만 엔진엑스 플러스 저장소에 액세스하기 위한 인증서(`nginx-repo.crt`)와 키(`nginx-repo.key`)를 확보해 도커 파일이 위치한 디렉터리에 복사해 두어야 합니다. 필요한 파일이 제대로 복사되었다면 도커 파일을 이용해 엔진엑스 플러스 설치에 필요한 작업이 진행됩니다.

다음의 `docker build` 명령은 `--no-cache` 플래그를 사용해 이미지를 만들기 전에 항상 엔진엑스 플러스 패키지의 최신 버전을 다운로드하도록 합니다. 이전에 받아둔 버전을 사용해도 문제없다고 생각되면 `--no-cache` 플래그를 생략합니다. 예시에서는 새로운 컨테이너 이미지에 `nginxplus` 태그를 붙였습니다.

```
$ docker build --no-cache -t nginx-plus .
```

논의 엔진엑스 플러스의 개별 컨테이너 이미지를 생성함으로써 필요한 엔진엑스 플러스 컨테이너를 설정하고 도커 환경에 적합한 이미지를 사용할 수 있습니다. 이는 여러분의 컨테이너 환경에서 엔진엑스 플러스의 강력한 고급 기능을 모두 사용하도록 해줍니다. 이 도커 파일은 `COPY`를 이용해 설정을 추가하고 있습니다. 추가하고자 하는 설정이 적절한 로컬 디렉터리에 있는지 확인합시다.

---

6 *https://oreil.ly/r1-5W*

함께 보기

- 엔진엑스 블로그 게시글 '도커를 이용해 엔진엑스와 엔진엑스 플러스 배포하기Deploying NGINX and NGINX Plus with Docker': *https://oreil.ly/AJSVc*

11.6 엔진엑스에서 환경 변수 사용하기

문제 여러 환경에서 동일한 컨테이너 이미지를 사용하도록 엔진엑스 설정에서 환경 변수 사용하기

해결 엔진엑스의 공식 컨테이너 이미지 중에서 `nginx:stable-perl`과 같은 엔진엑스 펄Perl 모듈을 사용한 이미지를 하나 고릅시다. `load_module` 지시자를 사용하여 `nginx_http_perl_module`을 활성화합시다. 기본적으로 엔진엑스는 실행 중인 환경으로부터 TZ[7]를 제외한 모든 환경 변수를 삭제한 후 구동되므로, 삭제하지 않고 사용할 환경 변수를 `env` 지시자로 미리 선언해야 합니다. 다만 이러한 변수들은 엔진엑스 설정의 변수로 직접 사용할 수 없습니다. 다음 예시는 `APP_DNS`라는 이름의 환경 변수를 엔진엑스 프로세스로 가져오는 방법을 보여줍니다. 펄 모듈이 제공하는 `perl_set` 지시자를 이용하면 환경 변수를 설정에서 사용 가능한 변수에 할당할 수 있습니다. 예시에서는 `$upstream_app` 변수에 환경 변수 `APP_DNS`의 값을 넣었습니다. 할당된 변수는 요청을 프록시할 서버 도메인 지정에 사용됐습니다.

```
load_module /modules/ngx_http_perl_module.so;
env APP_DNS;
# ...

http {
      perl_set $upstream_app 'sub { return $ENV{"APP_DNS"}; }';
      server {
      # ...
              location / {
                      proxy_pass https://$upstream_app;
              }
      }
}
```

7 옮긴이_ 타임존(timezone)을 지정하기 위해 사용하는 환경 변수 이름입니다.

논의 도커가 환경 변수를 사용하는 전형적인 시나리오는 컨테이너의 운영 방식을 변경하는 경우입니다. 엔진엑스 설정에서 환경 변수를 사용함으로써 엔진엑스 도커 파일이 다양한 실행 환경에서 동작하도록 할 수 있습니다.

11.7 엔진엑스 인그레스 컨트롤러

문제 **애플리케이션을 쿠버네티스 환경으로 배포하면서 인그레스 컨트롤러**Ingress Controller[8]**가 필요한 상황**

해결 인그레스 컨트롤러 이미지에 접근할 수 있는지 확인합니다. 오픈 소스 엔진엑스를 인그레스 컨트롤러로 사용하려면 도커 허브에서 제공하는 이미지 중 `nginx/nginx-ingress`를 사용합니다. 엔진엑스 플러스를 사용하려면 F5가 제공하는 컨테이너 저장소에서 이미지를 가져오거나 이미지를 직접 만들고 사설 컨테이너 이미지 저장소 호스팅합니다. 엔진엑스 공식 홈페이지에서 엔진엑스 플러스 쿠버네티스 인그레스 컨트롤러 이미지 작성 가이드[9]를 참고합시다.

깃허브의 'kubernetes-ingress' 저장소에서 'deployments' 폴더[10]에 들어가 저장소를 로컬 환경으로 복제합니다. 다음 명령은 복제한 로컬 디렉터리에서 실행합니다.

네임스페이스를 생성하고 인그레스 컨트롤러를 위한 서비스 계정을 만듭니다. 두 가지 모두 `nginx-ingress`를 이름으로 사용합니다.

```
$ kubectl apply -f common/ns-and-sa.yaml
```

추가로 엔진엑스 설정을 커스터마이징하기 위해 컨피그맵ConfigMap을 만들 수 있습니다. 컨피그맵 설정과 어노테이션annotation 사용에 관해서는 공식 홈페이지의 컨피그맵 자료 문서[11]와 어노테이션을 활용한 고급 설정 문서[12]를 참고하기 바랍니다.

---

8 옮긴이_ 쿠버네티스의 인그레스 컨트롤러는 쿠버네티스 클러스터 외부에서 들어오는 요청을 클러스터 내부의 각 서비스로 라우팅합니다.

9 *https://oreil.ly/_hEvZ*

10 *https://oreil.ly/KxF7i*

11 *https://oreil.ly/MgcTH*

12 *https://oreil.ly/sVL1Z*

```
$ kubectl apply -f common/nginx-config.yaml
```

역할 기반 접근 제어Role-Based Access Control(RBAC)가 클러스터에 적용돼 있다면 클러스터 롤을 하나 생성해 서비스 계정에 연결합니다. 이 작업을 수행하려면 클러스터에 대한 관리자 권한이 필요합니다.

```
$ kubectl apply -f rbac/rbac.yaml
```

이제 인그레스 컨트롤러를 배포합니다. 이 깃허브 저장소는 두 가지 배포 옵션을 제공합니다. 하나는 디플로이먼트Deployment이고 다른 하나는 데몬셋DaemonSet입니다. 인그레스 컨트롤러의 복제본 수를 동적으로 조정할 필요가 있다면 디플로이먼트를 사용하고, 인그레스 컨트롤러를 모든 노드 혹은 일부 노드 그룹에 배포하려면 데몬셋 형식을 사용합니다.

엔진엑스 플러스 디플로이먼트를 사용하는 경우에는 제공된 YAML 파일을 수정하고 사설 이미지 레지스트리와 이미지를 만듭니다.

엔진엑스 디플로이먼트 사용

```
$ kubectl apply -f deployment/nginx-ingress.yaml
```

엔진엑스 플러스 디플로이먼트 사용

```
$ kubectl apply -f deployment/nginx-plus-ingress.yaml
```

엔진엑스 데몬셋 사용

```
$ kubectl apply -f daemon-set/nginx-ingress.yaml
```

엔진엑스 플러스 데몬셋 사용

```
$ kubectl apply -f daemon-set/nginx-plus-ingress.yaml
```

사용 중인 인그레스 컨트롤러 검증하기

```
$ kubectl get pods --namespace=nginx-ingress
```

데몬셋을 사용한 경우 인그레스 컨트롤러의 80 포트와 443 포트는 컨테이너가 실행 중인 노드의 동일한 포트로 연결됩니다. 인그레스 컨트롤러에 접근하려면 인그레스 컨트롤러가 실행 중인 노드 중 임의로 하나의 IP 주소와 포트를 골라 사용합니다.

디플로이먼트를 사용했다면 두 가지 방법으로 인그레스 컨트롤러에 접근합니다. 첫 번째 방법으로는 쿠버네티스가 임의의 인그레스 컨트롤러 파드pod에 매핑되는 노드 포트를 임의의 값으로 할당하도록 합니다. 이는 NodePort를 사용하는 서비스입니다. 두 번째는 서비스를 LoadBalancer 형식으로 만드는 방법입니다. LoadBalancer 형식으로 서비스를 만드는 경우 쿠버네티스는 AWS, 마이크로소프트 애저, 구글 클라우드 플랫폼 등 주어진 클라우드 플랫폼 환경을 위한 로드 밸런서를 생성합니다.

NodePort 형식으로 서비스를 만들려면 다음 명령을 사용합니다.

```
$ kubectl create -f service/nodeport.yaml
```

파드에 대해 열린 포트를 정적으로 설정하려면 YAML 파일을 수정해 nodePort: {port} 속성을 개방이 필요한 각 포트 설정에 추가합니다.

LoadBalancer 형식으로 생성할 때는 플랫폼에 따라 설정이 조금 다릅니다. 구글 클라우드와 애저 환경에서는 다음 명령을 사용합니다.

```
$ kubectl create -f service/loadbalancer.yaml
```

AWS에서 LoadBalancer 형식의 서비스를 만들 때는 다음 명령을 사용합니다.

```
$ kubectl create -f service/loadbalancer-aws-elb.yaml
```

AWS에서는 쿠버네티스가 프록시 프로토콜이 활성화된 TCP 모드의 클래식 ELB를 생성합니다.[13] 엔진엑스가 프록시 프로토콜을 사용하도록 설정해야 하며, 이를 위해 앞서 살펴본 샘플 파일 common/nginx-config.yaml을 참고해 다음 내용을 컨피그 맵 설정에 추가합니다.

13 옮긴이_ AWS가 제공하는 로드 밸런서는 ELB(Elastic Load Balancer)로 통칭되며 ALB(Application Load Balancer), NLB(Network Load Balancer), CLB(Classic Load Balancer), GLB(Gateway Load Balancer) 등 네 가지 종류가 있습니다.

```
proxy-protocol: "True"
real-ip-header: "proxy_protocol"
set-real-ip-from: "0.0.0.0/0"
```

변경된 컨피그맵을 쿠버네티스 환경에 적용합니다.

```
$ kubectl apply -f common/nginx-config.yaml
```

이제 NodePort를 이용하거나, 대신 생성된 로드 밸런서로 요청을 보내 파드의 주소를 지정할 수 있습니다.

논의 쿠버네티스는 컨테이너 오케스트레이션과 관리 분야를 이끄는 플랫폼입니다. 인그레스 컨트롤러는 사용자와의 접점에 위치한 에지edge 파드로, 실제 요청을 처리할 애플리케이션으로 사용자 요청을 전달합니다. 엔진엑스는 이 역할에 잘 맞으며 어노테이션을 이용해 쉽게 설정할 수 있습니다. 엔진엑스 인그레스 프로젝트는 도커 허브를 통해 제공되는 이미지 형태로 오픈소스 엔진엑스 인그레스 컨트롤러를 제공하며, 엔진엑스 플러스 인그레스 컨트롤러는 저장소 인증서와 키를 추가해 F5 컨테이너 저장소로부터 전송받아 사용할 수 있습니다. 엔진엑스 인그레스 컨트롤러를 쿠버네티스 클러스터에 적용하면 엔진엑스의 기본 기능을 모두 활용하면서 추가로 쿠버네티스 환경에 적합한 네트워킹 기능과 트래픽 전달에 필요한 DNS 기능을 활용할 수 있습니다.

CHAPTER 12

고가용성 보장을 위한 설정

12.0 소개

내장애성fault-tolerant 아키텍처는 시스템을 동일하면서도 독립적인 스택으로 나눠줍니다. 엔진엑스 같은 로드 밸런서는 부하를 분산해 배치된 시스템들이 골고루 활용되도록 합니다. 고가용성high availability의 핵심 개념은 여러 활성 노드로 부하를 분산하거나 액티브-패시브active-passive 구성으로 노드 간에 페일오버failover하는 것입니다. 고가용성 애플리케이션은 단일 장애점single point of failure(SPOF)이 없어야 하며, 이는 모든 구성 요소가 고가용성의 핵심 개념을 하나 이상 사용해야 하고 로드 밸런서 역시 고가용성을 보장해야 함을 의미합니다. 즉, 엔진엑스 역시 고가용성을 보장하는 설정으로 준비돼야만 합니다. 고가용성을 보장하려면 엔진엑스를 여러 개의 활성 노드 집합으로 설정하거나 액티브-패시브 페일오버 방식으로 설정합니다. 이 장에서는 부하분산 계층이 어떻게 다수의 엔진엑스 서버를 활용해 고가용성을 보장하는지 살펴봅니다.

12.1 엔진엑스 플러스 HA 모드

문제 온프레미스on-premises 배포 환경에 대해 고가용성을 보장하는 부하분산 솔루션 구축하기

해결 엔진엑스 플러스 저장소에서 nginx-ha-keepalived[1] 패키지를 설치하고 두 개 이상의 시스템에 고가용성을 보장하는 솔루션을 구축합니다.

```
$ sudo apt update
$ sudo apt install -y nginx-ha-keepalived
```

nginx-ha-setup 스크립트를 이용하여 각 시스템에 keepalived 기본 설정을 만들고 다음의 명령을 입력합니다.

```
$ sudo nginx-ha-setup
```

nginx-ha-setup 명령이 생성한 설정 파일을 확인합시다.

```
$ sudo cat /etc/keepalived/keepalived.conf

global_defs {
        vrrp_version 3
}

vrrp_script chk_manual_failover {
        script "/usr/lib/keepalived/nginx-ha-manual-failover"
        interval 10
        weight 50
}

vrrp_script chk_nginx_service {
        script "/usr/lib/keepalived/nginx-ha-check"
        interval 3
        weight 50
}

vrrp_instance VI_1 {
        interface eth0
        priority 101
        virtual_router_id 51
        advert_int 1
        accept
```

1 옮긴이_ 리눅스 기반 시스템에서 쉽게 부하분산과 고가용성을 제공할 수 있도록 만들어진 라우팅 소프트웨어로, 여러 배포판에서 패키지로 제공됩니다. 자세한 내용은 *https://www.keepalived.org*를 참고하기 바랍니다.

```
        garp_master_refresh 5
        garp_master_refresh_repeat 1
        unicast_src_ip 172.17.0.2/16
        unicast_peer {
                172.17.0.4
        }
        virtual_ipaddress {
                172.17.0.3
        }
        track_script {
                chk_nginx_service
                chk_manual_failover
        }
        notify "/usr/lib/keepalived/nginx-ha-notify"
}
```

노드에 문제가 없는지 확인하기 위해 구성된 헬스 체크 스크립트를 실행합시다.

```
$ sudo /usr/lib/keepalived/nginx-ha-check
nginx is running.
```

두 번째 노드로부터 VRRP extended 통계와 데이터를 파일 시스템으로 떨어뜨리고 출력 결과를 확인합시다.

```
$ sudo service keepalived dump

Dumping VRRP stats (/tmp/keepalived.stats)
and data (/tmp/keepalived.data)

$ sudo cat /tmp/keepalived.stats

VRRP Instance: VI_1
        Advertisements:
                Received: 1985
                Sent: 0
        Became master: 0
        Released master: 0
        Packet Errors:
                Length: 0
                TTL: 0
                Invalid Type: 0
```

```
            Advertisement Interval: 0
            Address List: 0
      Authentication Errors:
            Invalid Type: 0
            Type Mismatch: 0
            Failure: 0
      Priority Zero:
            Received: 0
            Sent: 0
```

첫 번째 노드에 인위적으로 문제를 일으킵시다.

```
$ sudo service keepalived stop
Stopping keepalived: keepalived.
```

다시 한번, 두 번째 노드에서 VRRP extended 통계와 데이터를 파일시스템으로 떨구고 출력 결과를 검토합시다.

```
$ sudo service keepalived dump
Dumping VRRP stats (/tmp/keepalived.stats)
and data (/tmp/keepalived.data)

$ sudo cat /tmp/keepalived.stats
VRRP Instance: VI_1
      Advertisements:
            Received: 1993
            Sent: 278
      Became master: 1
      Released master: 0
      Packet Errors:
            Length: 0
            TTL: 0
            Invalid Type: 0
            Advertisement Interval: 0
            Address List: 0
      Authentication Errors:
            Invalid Type: 0
            Type Mismatch: 0
            Failure: 0
      Priority Zero:
            Received: 0
```

```
Sent: 0
```

파일 시스템에 남겨진 통계 내용은 세컨더리 시스템이 적어도 한번은 프라이머리 노드가 되었다는 사실을 알려주고 있습니다.

논의 nginx-ha-keepalived 패키지는 keepalived를 기반으로 동작하며 클라이언트에 제공되는 가상 IP 주소virtual IP address를 관리합니다. 이 방법은 IP주소가 운영체제의 표준 시스템 호출standard operating system call을 통해 IP 주소를 제어할 수 있는 환경을 위해 설계된 방법입니다. 때문에 클라우드 인프라와 인터페이스하여 IP주소를 제어하는 클라우드 환경에서는 제대로 동작하지 않습니다.

keepalived는 **가상 라우터 장애 복구 프로토콜**Virtual Router Redundancy Protocol(VRRP)을 활용하는 프로세스로, 하트비트heartbeat라는 작은 메시지를 지속적으로 백업 서버에 보냅니다. 백업 서버는 하트비트를 3회 연 속 수신하지 못하면 페일오버를 준비하고 가상 IP 주소를 자신에게 할당해 프라이머리 서버가 됩니다. nginx-ha-keepalived가 제공하는 페일오버 기능은 직접 설정한 페일오버 조건을 감시하도록 설정할 수도 있습니다. nginx-ha-setup 스크립트는 기본 설정을 만들 때만 의미가 있습니다. keepalived 설정을 커스터마이징 하려면 설정 파일을 변경한 뒤 서비스를 재시작하면 됩니다.

함께 보기

- Keepalived 공식 문서: *https://oreil.ly/EMbiF*

12.2 DNS를 이용한 로드 밸런서 부하분산

문제 2대 이상의 엔진엑스 서버로 부하를 분산하기

해결 도메인에 IP 주소를 여러 개 추가함으로써 DNS 질의에 대한 응답으로 각 엔진엑스 서버를 라운드 로빈 방식으로 돌아가며 사용합니다.

논의 로드 밸런서를 여러 개 운영할 때 DNS를 이용해 부하를 분산할 수 있습니다. 단일 FQDN은 여러 개의 A 레코드 혹은 AAAA 레코드를 가질 수 있습니다.[2] DNS는 등록된 IP 주소 여러 개를 돌아가면서 사용하며, 2장에서 엔진엑스의 업스트림에 대해 가중치를 적용했던 것처럼 레코드값에 가중치를 적용한 라운드 로빈 방식을 사용할 수도 있습니다. 이러한 기술은 상당히 잘 동작합니다. 하지만 특정 엔진엑스 서버에 문제가 발생하면 해당 서버의 IP 주소를 DNS에서 제외해야 합니다. 아마존 라우트53이나 DynDNS 같은 DNS 서비스는 이러한 문제를 완화하는 헬스 체크와 페일오버 기능을 제공합니다. DNS를 이용해 엔진엑스에 대한 부하분산을 한다면, 문제가 생긴 엔진엑스 서버를 제외하는 데 엔진엑스에서 업스트림 서버를 제외할 때와 동일한 절차를 활용하는 편이 좋습니다. 먼저, 문제가 생긴 서버로 새로운 연결을 만들지 않도록 DNS에서 해당 서버의 IP를 제외하고, 서버를 중지시키기 전에 모든 연결이 종료되도록 합니다.

12.3 EC2의 부하분산

문제 엔진엑스를 AWS 환경에서 운영하고 있지만 엔진엑스 플러스의 고가용성 기능이 아마존의 IP 주소 할당 방식을 지원하지 않는 상황에서 부하분산하기

해결 엔진엑스 서버들로 오토스케일링 그룹을 설정하고 오토스케일링 그룹을 NLB의 타깃 그룹으로 지정해 엔진엑스가 AWS NLB 뒤에 위치하도록 설정합니다(10.5 '로드 밸런서 샌드위치'를 참조하세요). 물론 AWS 콘솔이나 CLI 혹은 API를 사용해 엔진엑스 서버를 NLB의 타깃 그룹으로 직접 지정할 수도 있습니다.

논의 `keepalived`를 기반으로 동작하는 엔진엑스 플러스의 고가용성 기능은 유동적으로 할당되는 가상 IP 주소를 지원하지 않습니다. 따라서 탄력적인 IP 주소Elastic IP(EIP)를 사용하지 않는 EC2와 같이 IP 주소 할당이 유동적인 AWS 환경에서는 사용하기가 어렵습니다. 하지만 엔진엑스 플러스가 AWS 환경에서 고가용성 환경을 구성할 수 없다는 뜻은 아닙니다. AWS에서 동작하는 HA 환경을 구성할 수 있습니다. 아마존이 제공하는 AWS NLB는 가용성 영역

2 옮긴이_ A 레코드는 IPv4 주소 형식을 갖는 DNS 리소스 레코드를 말하며 AAAA 레코드는 IPv6 주소 형식을 갖는 DNS 리소스 레코드 형식을 말합니다.

availability zone이라는 물리적으로 분리된 데이터 센터 간에 부하를 분산해 주며 능동적인 헬스 체크와 DNS CNAME[3]으로 사용 가능한 엔드포인트를 제공합니다. AWS 환경에서 엔진엑스의 고가용성을 확보하는 데는 일반적으로 엔진엑스를 NLB 뒤쪽에 위치시키는 방법을 사용합니다. 엔진엑스 서버들은 필요에 따라 NLB의 타깃 그룹에 자동으로 추가되거나 그룹에서 제외될 수 있습니다. 중요한 점은 NLB는 엔진엑스를 대체할 수 없다는 점입니다. 엔진엑스는 다양한 부하분산 방식, 빈도 제한, 캐싱, 7계층 라우팅 등 NLB가 제공하지 않는 여러 기능을 제공합니다. 또 다른 AWS 로드 밸런서인 ALB를 사용하면 URI 경로와 호스트 헤더를 기반으로 7계층에서 부하를 분산할 수 있지만 엔진엑스처럼 WAF 캐싱, 대역폭 제한 같은 기능은 제공하지 않습니다. NLB가 여러분의 비즈니스 요구사항에 맞지 않는다면 다른 옵션이 몇 가지 있습니다. 그중 하나가 DNS 솔루션이며 AWS의 라우트53은 헬스 체크, DNS 페일오버 등의 기능을 제공합니다.

12.4 엔진엑스 플러스 설정 동기화하기

문제 고가용성을 제공하도록 구성된 엔진엑스 플러스 계층을 운영할 때 각 엔진엑스 플러스 인스턴스가 동일한 설정으로 운영되도록 동기화하기

해결 엔진엑스 플러스에서 제공하는 설정 동기화 기능을 사용합니다. 기능을 사용하려면 다음 절차가 필요합니다. 먼저 엔진엑스 플러스 패키지 저장소로부터 `nginx-sync` 패키지를 설치합니다.

YUM 패키지 매니저를 이용한 설치

```
$ sudo yum install nginx-sync
```

APT 패키지 매니저를 이용한 설치

```
$ sudo apt-get install nginx-sync
```

3 옮긴이_ CNAME은 'Canonical Name'의 약어로, 요청이 들어왔을 때 실제로 요청을 처리할 서버나 로드 밸런서 등으로 처리를 위임(delegation)하는 데 사용하는 DNS 리소스 레코드 형식입니다.

패키지를 설치했으면 프라이머리 역할을 수행할 서버가 다른 서버들에 루트로 SSH 접근을 할 수 있도록 권한을 부여합니다. 루트 권한을 위한 SSH 인증키 쌍을 만들고 공개키를 추출합니다.

```
$ sudo ssh-keygen -t rsa -b 2048
$ sudo cat /root/.ssh/id_rsa.pub
ssh-rsa AAAAB3Nz4rFgt...vgaD root@node1
```

프라이머리 서버의 IP 주소를 확인합니다.

```
$ ip addr
1: lo: mtu 65536 qdisc noqueue state UNKNOWN group default
   link/loopback 00:00:00:00:00:00 brd 00:00:00:00:00:00
   inet 127.0.0.1/8 scope host lo
   valid_lft forever preferred_lft forever
   inet6 ::1/128 scope host
   valid_lft forever preferred_lft forever
2: eth0: mtu 1500 qdisc pfifo_fast state UP group default qlen 1000
   link/ether 52:54:00:34:6c:35 brd ff:ff:ff:ff:ff:ff
   inet 192.168.1.2/24 brd 192.168.1.255 scope global eth0
   valid_lft forever preferred_lft forever
   inet6 fe80::5054:ff:fe34:6c35/64 scope link
   valid_lft forever preferred_lft forever
```

`ip addr` 명령은 서버의 네트워크 인터페이스 정보를 보여줍니다. 첫 번째 결과에 나온 루프백 인터페이스 정보는 무시해도 괜찮습니다. IP 주소는 이어지는 인터페이스 정보의 `inet` 항목에서 확인할 수 있으며, 예시에서는 `192.168.1.2`입니다.

앞서 추출해둔 공개키를 프라이머리가 아닌 각 노드 루트 계정의 `authorized_keys` 파일에 배포하고 프라이머리 서버에서 접근할 때만 해당 키로 접근 권한을 확인하도록 지정합니다.

```
$ sudo echo 'from="192.168.1.2" ssh-rsa AAAAB3Nz4rFgt...vgaD root@node1'
>> /root/.ssh/authorized_keys
```

다음 명령으로 `/etc/ssh/sshd_config` 파일을 변경하고 모든 서버의 `sshd`의 설정을 리로드합니다.

```
$ sudo echo 'PermitRootLogin without-password' >> /etc/ssh/sshd_config
```

```
$ sudo service sshd reload
```

이제 프라이머리 서버의 루트 사용자가 각 노드에 ssh로 접근할 때 비밀번호 없이 인증되는지 확인합니다.

```
$ sudo ssh root@node2.example.com
```

프라이머리 서버에 다음 내용의 설정 파일 /etc/nginx-sync.conf을 만듭니다.

```
NODES="node2.example.com node3.example.com node4.example.com"
CONFPATHS="/etc/nginx/nginx.conf /etc/nginx/conf.d"
EXCLUDE="default.conf"
```

이 설정은 엔진엑스 설정 동기화를 위해 설정한 세 공통 매개변수 NODES, CONFPATHS, EXCLUDE를 보여줍니다. NODES 매개변숫값은 문자열로 구성된 호스트명이나 IP 주소를 공백으로 구분한 값이며, 이들은 프라이머리 서버가 설정이 변경되면 설정을 보낼 노드입니다. CONFPATHS 매개변수는 동기화해야 하는 파일이나 디렉터리를 나타냅니다. 마지막으로 EXCLUDE 매개변수는 동기화 대상에서 제외할 파일을 지정합니다. 예시에서 프라이머리 서버는 엔진엑스 기본 설정 파일과 /etc/nginx/conf.d 디렉터리의 변경 사항을 호스트명이 node2.example.com, node3.example.com, node4.example.com인 서버로 전달합니다. 동기화 프로세스에서 default.conf 파일을 발견하더라도 이 파일은 EXCLUDE 매개변수에 지정돼 있으므로 각 서버로 전송되지 않습니다.

고급 설정 매개변수를 사용해 엔진엑스 바이너리나 RSYNC 바이너리, SSH 바이너리, diff 바이너리, lockfile 위치, 백업 디렉터리 등의 위치를 지정할 수 있습니다. 템플릿에서 지정된 파일에 sed 명령을 활용하는 매개변수도 있습니다. 고급 설정 매개변수에 대한 자세한 내용은 '클러스터에서 엔진엑스 설정 동기화' 공식 문서[4]를 참고하기 바랍니다.

다음 명령으로 설정을 시험합니다.

```
$ nginx-sync.sh -h # 사용법을 확인합니다.
$ nginx-sync.sh -c node2.example.com # 프라이머리 서버 설정과 node2를 비교합니다.
```

4 *https://oreil.ly/bsEjm*

```
$ nginx-sync.sh -C # 프라이머리 서버 설정을 모든 서버와 비교합니다.
$ nginx-sync.sh # 설정을 동기화하고 엔진엑스를 리로드합니다.
```

논의 이 절에서 살펴본 엔진엑스 플러스 전용 기능을 사용하면 여러 엔진엑스 플러스 서버를 고가용성 설정으로 운영하는 환경에서 프라이머리 서버의 설정만 변경하고 내용을 클러스터의 각 서버에 동기화할 수 있습니다. 이 절차를 자동화하면 설정을 전송할 때 실수가 발생할 위험이 줄어듭니다. nginx-sync.sh 애플리케이션은 잘못된 설정이 각 서버에 동기화되지 않도록 몇 가지 방안을 제공합니다. 예를 들어, 프라이머리 서버에서 설정을 시험하고, 각 서버의 설정 백업본을 만들고, 서버들을 리로드하기 전에 시험합니다. 설정을 동기화하는 데는 도커나 설정 관리 도구를 이용하는 방법이 권장되지만, 이러한 방법을 사용할 수 없거나 준비가 되지 않았을 때는 엔진엑스 플러스의 설정 동기화 기능이 유용합니다.

12.5 상태 공유와 영역 동기화(엔진엑스 플러스)

문제 엔진엑스 플러스로 구성된 고가용성 서버 간에 공유 메모리 영역 동기화하기

해결 공유 메모리 영역 동기화를 설정하고, 엔진엑스 플러스 공유 메모리 영역 설정 시 sync 매개변수를 사용합니다.

```
stream {
    resolver 10.0.0.2 valid=20s;
    server {
        listen 9000;
        zone_sync;
        zone_sync_server nginx-cluster.example.com:9000 resolve;
        # 보안 관련 설정
    }
}
http {
    upstream my_backend {
        zone my_backend 64k;
        server backends.example.com resolve;
        sticky learn zone=sessions:1m
```

```
                    create=$upstream_cookie_session
                    lookup=$cookie_session
                    sync;
        }
        server {
            listen 80;
            location / {
                proxy_pass http://my_backend;
            }
        }
}
```

논의 zone_sync 모듈은 엔진엑스 플러스만의 기능으로, 엔진엑스 플러스가 제대로 된 클러스터를 만들도록 해줍니다. 모듈을 사용하려면 예시 설정처럼 stream 서버 블록에 zone_sync를 사용합니다. 예시의 stream 서버는 9000 포트로 들어오는 요청을 수신합니다. 엔진엑스 플러스 서버는 zone_sync_server 지시자로 정의된 클러스터 내 서버들과 통신합니다. zone_sync_server 지시자에 도메인명을 설정해 동적인 클러스터에서 여러 IP 주소를 리졸빙해 쓰게 하거나 zone_sync_server를 여러 개 이용해 정적으로 여러 IP 주소를 사용함으로써 단일 장애점이 생기는 것을 막을 수 있습니다. 영역 동기화 서버에 대한 접근은 제한해야 하며, 접근하는 서버를 인증하는 데는 특정한 SSL/TLS 지시자를 사용합니다. 엔진엑스 플러스를 클러스터로 설정할 때 장점은 공유 메모리 영역을 동기화해 빈도를 제한하고, 스티키런sticky-learn 세션을 통해 부하를 분산하고, 키-값 저장소를 함께 사용할 수 있다는 점입니다. 예시에서는 스티키런 지시자에 sync 매개변수를 사용합니다. 예시에서 사용자는 session이라는 쿠키값을 기준으로 업스트림 서버에 연결됩니다. 영역 동기화 모듈이 없는 상태에서 사용자 요청이 다른 엔진엑스 플러스 서버로 보내지면 사용자들은 세션 정보를 잃게 됩니다. 즉, 영역 동기화 모듈을 사용하면 모든 엔진엑스 플러스 서버는 세션과 각 세션이 연결된 업스트림 서버를 인지할 수 있습니다.

CHAPTER 13

고급 활동 모니터링

13.0 소개

운영 중인 애플리케이션이 의도한 대로 동작하면서 최적의 성능을 발휘하도록 하려면 애플리케이션 활동 지표에 대한 인사이트가 필요합니다. 엔진엑스는 스텁 상태stub status나 고급 모니터링 대시보드와 같은 다양한 모니터링 옵션을 제공하며 특히 엔진엑스 플러스에서는 모니터링 지표를 JSON 피드 형식으로도 제공합니다. 엔진엑스 플러스의 활동 모니터링은 사용자 요청, 업스트림 서버 풀, 캐시, 서버 상태 등에 대한 인사이트를 제공합니다. 또한 오픈텔레메트리OpenTelemetry(OTel)를 활용하면 관찰 가능성과 애플리케이션을 통합할 수도 있습니다. 이 장에서는 엔진엑스 모니터링의 능력과 가능성을 살펴봅니다.

13.1 엔진엑스의 스텁 상태 활성화하기

문제 엔진엑스에 대한 기본 모니터링 활성화하기

해결 엔진엑스 `http` 컨텍스트에 위치한 `location` 블록에서 `stub_status` 모듈을 활성화합니다.

```
location /stub_status {
      stub_status;
      allow 127.0.0.1;
      deny all;
}
```

상태 정보에 대한 요청으로 설정에 문제가 없는지 시험합니다.

```
$ curl localhost/stub_status
Active connections: 1
server accepts handled requests
1 1 1
Reading: 0 Writing: 1 Waiting: 0
```

논의 stub_status 모듈은 엔진엑스가 제공하는 몇 가지 기본적인 지표 모니터링을 활성화합니다. 모듈이 응답하는 정보는 활성 연결 수뿐 아니라 총 연결 수, 처리 완료된 연결 수, 요청에 대한 응답 수 등을 제공해 사용자 요청에 대한 인사이트를 줍니다. stub_status 모듈은 읽기 및 쓰기 작업 중인 연결 수, 대기 상태인 연결 등에 대한 정보도 보여줍니다. 이 정보는 stub_status 지시자가 정의된 server 컨텍스트에 한정된 것이 아니라 전체 서비스에 대한 정보입니다. 즉, 전체 서비스에 대한 정보를 취합할 수 있으며, stub_status 지시자가 지정된 블록의 상위 server 블록에 제한되는 것은 아닙니다. 종종 보안을 목적으로 로컬 네트워크에서 들어오는 요청 외에는 접근을 제한하는 것과 같은 맥락입니다. stub_status 모듈은 활성 연결 수를 내장 변수로 제공해 로그나 다른 엔진엑스 설정에서 사용하도록 해 주며 내장 변수 이름은 $connections_active, $connections_reading, $connections_writing, $connections_waiting입니다.

13.2 모니터링 대시보드 활성화하기(엔진엑스 플러스)

문제 엔진엑스 플러스 서버를 통해 트래픽에 대한 상세 지표 수집하기

해결 실시간 활동 모니터링 대시보드를 활용합니다.

```
server {
    # ...
    location /api {
        api write-on;
        # API 접근을 제한하는 지시자들이 위치합니다.
        # 자세한 내용은 7장을 참조합니다.
    }
    location = /dashboard.html {
        root    /usr/share/nginx/html;
    }
}
```

이 엔진엑스 플러스 설정을 통해 엔진엑스 플러스 상태 모니터링 대시보드를 이용합니다. 먼저 API와 상태 대시보드를 제공하기 위해 HTTP 서버를 생성합니다. 대시보드는 `/usr/share/nginx/html` 경로에 위치한 정적 콘텐츠를 사용하며, `/api/` 경로로 API를 호출해 실시간으로 서버 상태를 추출해 보여줍니다.

논의 엔진엑스 플러스는 고급 상태 모니터링 대시보드를 제공합니다. 이 대시보드는 활성 연결 수, 가동 시간, 업스트림 서버 풀에 대한 정보 등 엔진엑스 시스템의 세부 상태를 보여줍니다. 대시보드의 대략적인 모습은 다음 페이지의 [그림 13-1]과 같습니다.

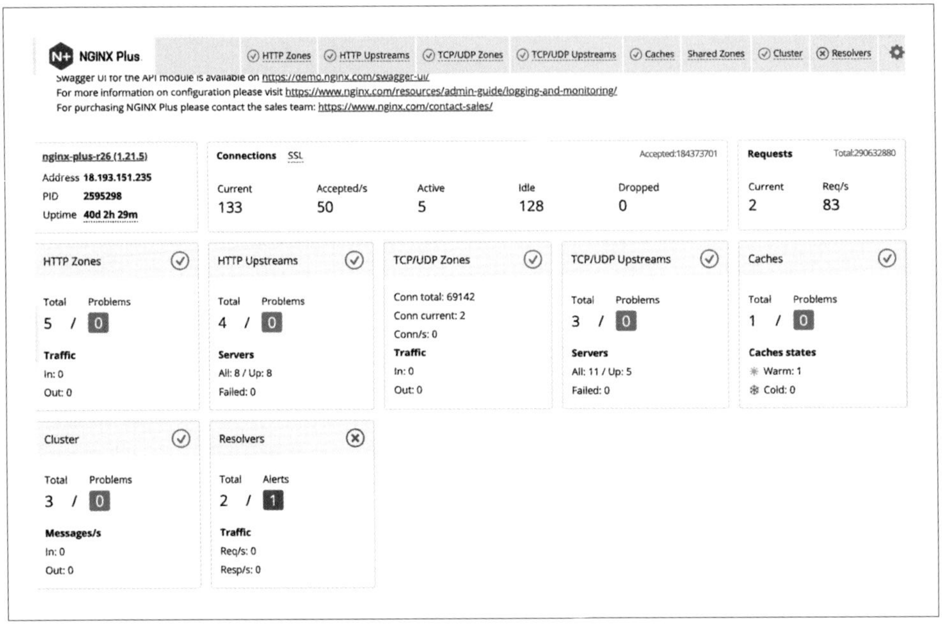

그림 13-1 엔진엑스 플러스의 상태 대시보드

대시보드의 랜딩 페이지는 전체 시스템의 개요를 보여줍니다. 화면 상단에서 첫 번째 탭 'HTTP 존HTTP Zones'을 선택해 엔진엑스 설정에 지정된 HTTP 서버의 응답 코드 분포, 총 요청량과 초당 들어오는 요청량, 트래픽 스루풋throughput과 같은 자세한 상태를 확인합니다. 'HTTP 업스트림HTTP Upstreams' 탭은 업스트림 서버의 상태 정보를 보여줍니다. 다음 [그림 13-2]는 존 모니터링 대시보드의 모습입니다. 서버가 살아 있는지, 얼마나 많은 요청이 처리되고 있는지, 응답 코드 분포가 어떠한지, 헬스 체크 요청은 얼마나 성공하고 실패하는지와 같은 정보가 포함됩니다. 'TCP/UDP 존TCP/UDP Zones' 탭은 TCP, UDP 프로토콜을 통해 흐르는 트래픽 양과 연결 수를 보여줍니다. 'TCP/UDP 업스트림TCP/UDP Upstreams' 탭은 TCP/UDP 업스트림 풀에 있는 서버 중 얼마나 많은 서버가 정상적으로 서비스를 제공하고 있는지에 대한 정보와 헬스 체크 요청 성공 및 실패에 대한 상세 내용 그리고 응답 시간을 알려줍니다. '캐시' 탭은 캐시 저장을 위해 사용 중인 스토리지의 용량(캐시를 통해 제공된 트래픽, 캐시로 기록된 용량 혹은 캐시되지 않고 서비스된 전송량)과 캐시 적중률[1]을 보여줍니다. 이처럼 엔진엑스 상태 대시보드는 운영 중인 애플리케이션과 트래픽 흐름을 모니터링하는 중요한 도구입니다.

---

1 옮긴이_ 캐시를 통해 서비스된 요청과 그렇지 않은 요청의 비율을 말합니다. 캐시 적중률이 낮으면 업스트림 서버의 부하가 커집니다.

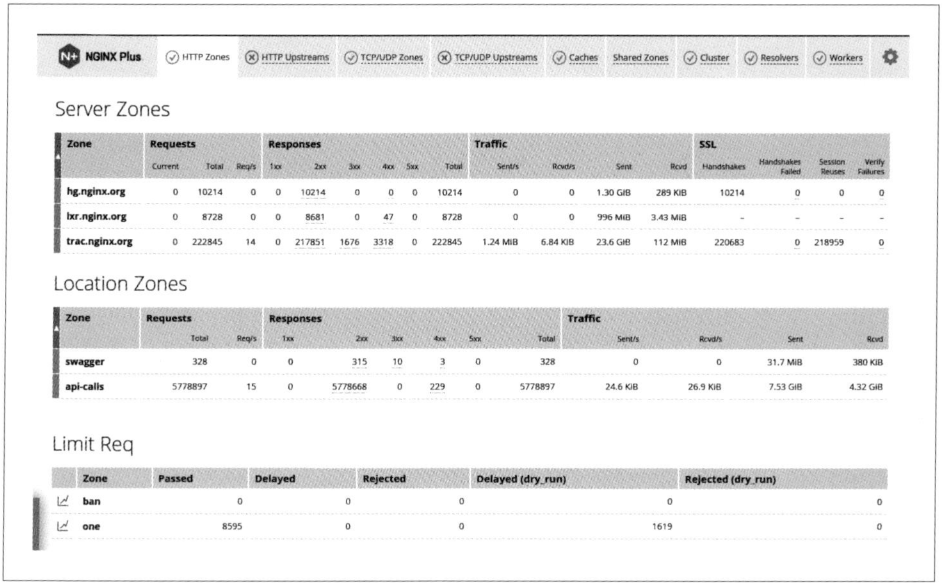

그림 13-2 엔진엑스 플러스 상태 대시보드의 HTTP 존 모니터링 페이지

함께 보기

- 엔진엑스 플러스 상태 대시보드 데모: *https://oreil.ly/20j1Q*

13.3 엔진엑스 플러스 API로 지표 수집하기

문제 엔진엑스 플러스 상태 대시보드가 제공하는 세부 지표를 API로 접근하기

해결 지표 수집을 위해 RESTful API를 사용합니다. 다음 예시는 API 호출 결과를 파이프를 통해 `json_jq`로 전달해 읽기 편한 방식으로 출력합니다.

```
$ curl "https://demo.nginx.com/api/9/" | json_jq
[
    "nginx",
    "processes",
```

```
        "connections",
        "slabs",
        "http",
        "stream",
        "resolvers",
        "ssl",
        "workers"
]
```

예시의 `curl` 명령은 엔진엑스 플러스 API의 최상위 엔드포인트를 호출하며, API 호출을 통해 확인할 수 있는 항목을 보여줍니다.

예를 들어, 엔진엑스 플러스 서버에 대한 정보를 얻으려면 `/api/{version}/nginx` URI를 사용합니다.

```
$ curl "https://demo.nginx.com/api/9/nginx" | json_jq
{
      "address" : "10.3.0.7",
      "build" : "nginx-plus-r30",
      "generation" : 1,
      "load_timestamp" : "2023-08-15T11:38:35.603Z",
      "pid" : 622,
      "ppid" : 621,
      "timestamp" : "2023-08-22T20:49:21.717Z",
      "version" : "1.25.1"
}
```

API 응답에서 필요한 값만 얻으려면 다음과 같이 URI에 인수를 포함해 호출합니다.

```
$ curl "https://demo.nginx.com/api/9/nginx?fields=version,build" | json_jq
{
      "build" : "nginx-plus-r30",
      "version" : "1.25.6"
}
```

연결에 대한 통계를 확인하려면 `/api/{version}/connections` URI를 사용합니다.

```
$ curl "https://demo.nginx.com/api/9/connections" | json_jq
{
```

```
        "accepted" : 77426479,
        "active" : 5,
        "dropped" : 0,
        "idle" : 159
}
```

요청에 대한 통계를 확인하려면 /api/{version}¦/http/requests URI를 사용합니다.

```
$ curl "https://demo.nginx.com/api/9/http/requests" ¦ json_jq
{
        "total" : 52107833,
        "current" : 2
}
```

특정 서버 존에 대한 통계를 확인하려면 /api/{version}/http/server_zones/{httpServerZoneName} URI를 활용합니다.

```
$ curl "https://demo.nginx.com/api/9/http/server_zones/hg.nginx.org" ¦ json_jq
{
        "discarded" : 0,
        "processing" : 0,
        "received" : 308357,
        "requests" : 10633,
        "responses" : {
                "1xx" : 0,
                "2xx" : 10633,
                "3xx" : 0,
                "4xx" : 0,
                "5xx" : 0,
                "codes" : {
                        "200" : 10633
                },
                "total" : 10633
        },
        "sent" : 1327232700,
        "ssl" : {
                "handshake_timeout" : 0,
                "handshakes" : 10633,
                "handshakes_failed" : 0,
                "no_common_cipher" : 0,
                "no_common_protocol" : 0,
```

```
            "peer_rejected_cert" : 0,
            "session_reuses" : 0,
            "verify_failures" : {
                "expired_cert" : 0,
                "no_cert" : 0,
                "other" : 0,
                "revoked_cert" : 0
            }
        }
}
```

이처럼 API는 대시보드에서 확인 가능한 모든 정보를 제공합니다. 깊이가 있지만 논리적인 패턴을 따르므로 사용하기는 어렵지 않습니다. API를 보다 깊이 이해하려면 이 절 **'함께 보기'**를 참고하기 바랍니다.

논의 엔진엑스 플러스 API는 엔진엑스 플러스 서버의 많은 부분에 대한 통계를 제공합니다. 이를 통해 엔진엑스 플러스 서버, 프로세스, 연결 등에 대한 정보를 수집할 수 있으며, 엔진엑스를 통해 제공 중인 `http`나 `stream` 모듈에 대한 정보(서버, 업스트림, 업스트림 서버)와 키-값 저장소, HTTP 캐시 영역에 대한 정보 또한 찾아볼 수 있습니다. 이러한 정보로 여러분과 서드파티 지표 수집기는 엔진엑스 플러스가 어떻게 동작하고 있는지 자세히 파악할 수 있습니다.

함께 보기

- 엔진엑스 HTTP API 모듈 공식 문서: *https://oreil.ly/qyKjs*
- 엔진엑스 API REST UI: *https://oreil.ly/X76kf*
- 메트릭스 API 사용 가이드: *https://oreil.ly/WxkUp*

13.4 엔진엑스를 위한 오픈텔레메트리

문제 오픈텔레메트리를 지원하는 추적 컬렉터를 엔진엑스에 통합하기

해결 엔진엑스 패키지 저장소에서 엔진엑스 OTel 모듈을 설치합니다.

YUM 패키지 매니저를 이용한 엔진엑스 플러스용 모듈 설치

```
$ sudo yum install -y nginx-plus-module-otel
```

APT 패키지 매니저를 이용한 엔진엑스 플러스용 모듈 설치

```
$ sudo apt install -y nginx-plus-module-otel
```

YUM 패키지 매니저를 이용한 오픈 소스 엔진엑스용 모듈 설치

```
$ sudo yum install -y nginx-module-otel
```

APT 패키지 매니저를 이용한 엔진엑스용 모듈 설치

```
$ sudo apt install -y nginx-module-otel
```

엔진엑스 OTel 동적 모듈을 이용해 OTel을 지원하는 수신기receiver를 설정합시다.

```
load_module modules/ngx_otel_module.so;
# ...
http {
        otel_exporter {
                endpoint localhost:4317;
        }

        server {
                listen 127.0.0.1:8080;

                location / {
                        otel_trace on;
                        otel_trace_context inject;
                        proxy_pass http://backend;
```

```
            }
        }
    }
```

엔진엑스는 들어오는 요청으로부터 추적 컨텍스트trace context를 상속받아 스팬span을 기록하고 백엔드 서버로 추적을 전파하기 위해 otel_trace_context 지시자의 매개변수를 propagate로 지정합니다.

```
server {
    location / {
        otel_trace on;
        otel_trace_context propagate;
        proxy_pass http://backend;
    }
}
```

들어오는 요청으로부터 추적 컨텍스트를 상속받고 split_clients와 otel_trace를 이용하면 전체 트래픽의 10%에 대해서만 스팬을 기록할 수 있습니다.

```
# 10%의 요청을 샘플링해 추적
split_clients "$otel_trace_id" $ratio_sampler {
    10% on;
    * off;
}

server {
    location / {
        otel_trace $ratio_sampler;
        otel_trace_context propagate;
        proxy_pass http://backend;
    }
}
```

이슈 디버깅 시에는 필요한 모든 요청에 대해 추적을 활성화해야 합니다. 엔진엑스의 map 지시자는 OR 게이트OR logic gate처럼 활용할 수 있습니다. 앞의 예시를 다음과 같이 변경하면 map 지시자를 통해 변수에 on 혹은 off 값을 할당할 수 있습니다. map은 ENABLE_OTEL_TRACE라는 HTTP 헤더를 이용해 값을 할당합니다. 이어지는 map은 새로운 변수를 만드는 데 사용됩니다.

split_clients로 샘플링 된 10%의 요청이거나 ENABLE_OTEL_TRACE 헤더 값을 갖고 있는 요청인 경우, 변수에는 on 값이 할당됩니다.

```
# 10%의 요청을 샘플링해 추적
split_clients "$otel_trace_id" $ratio_sampler {
      10% on;
      * off;
}

# ENABLE_OTEL_TRACE 헤더 값이 존재하는 경우 추적합니다.
map "$http_enable_otel_trace" $has_trace_header {
      default on;
      '' off;
}

# 10% 샘플링 대상이거나 ENABLE_OTEL_TRACE 헤더 값이 존재하면
# otel_trace를 활성화하도록 $request_otel 변수 값으로 on을 할당합니다.
map "$ratio_sampler:$has_trace_header" $request_otel {
      off:off off;
      on:on    on;
      on:off   on;
      off:on   on;
}

server {
      location / {
              otel_trace $request_otel;
              otel_trace_context propagate;
              proxy_pass http://backend;
      }
}
```

엔진엑스 플러스를 사용하는 경우에는 엔진엑스 플러스 API와 키-값 저장소를 이용해 특정한 조건을 만족하는 세션들에 대한 추적 여부를 결정할 수 있습니다.

```
# 동적인 추적 여부 조절을 위해 키-값 저장소를 이용합니다.
keyval "otel.trace" $trace_switch zone=otel_kv;

# 10%의 요청을 샘플링해 추적
split_clients "$otel_trace_id" $ratio_sampler {
      10% on;
```

```
        * off;
}

# 10% 샘플링 대상이거나 trace_switch 변수 값이 on인 경우
# $request_otel 변수에 on을 할당해 otel_trace를 활성화합니다.
map "$trace_switch:$ratio_sampler" $request_otel {
        off:off off;
        on:on    on;
        on:off   on;
        off:on   on;
}

server {
        location / {
                otel_trace $request_otel;
                otel_trace_context propagate;

                proxy_pass http://backend;
        }
        location /api {
                api write=on;
        }
}
```

논의 오픈텔레메트리는 애플리케이션을 계측해 원격 측정 데이터를 수집하고 생성하기 위한 SDK, API, 그리고 도구의 모음입니다. 이 데이터는 예거Jaeger나 프로메테우스Prometheus와 같은 시스템으로 전달되어 애플리케이션 스택 전반에 걸친 요청을 추적할 수 있게 해 주며, 이를 바탕으로 정확한 관찰 가능성을 제공할 수 있게 합니다. 엔진엑스 OTel 모듈은 요청에 대한 데이터를 수집해 tracestate, traceparent와 같은 헤더를 설정한 다음 오픈텔레메트리 수신기로 가공된 데이터를 전송함으로써 원격 측정 시스템과 통합할 수 있게 해줍니다.

이번 절에서는 엔진엑스 ngx_otel_module 모듈을 동적으로 불러온 뒤, 원격 측정 데이터를 보낼 수신기를 정의했습니다. 이후 traceparent와 tracestate 헤더를 추출extract, 주입inject, 전파propagate, 무시ignore하도록 설정할 수 있는 otel_trace_context 지시자가 헤더를 전파하게 하려고 매개변수를 propagate로 지정했습니다. propagate 매개변수는 extract와 inject 매개변수를 동시에 사용하는 것과 같습니다. 원래의 요청으로부터 tracestate와 traceparent HTTP 헤더를 추출한 뒤, 새로운 값으로 만들어 업스트림 요청에 설정합니다.

propagate 매개변수 사용 시 원래 요청에 HTTP 헤더가 정의되어 있지 않으면 새로운 ID 값이 생성해 할당합니다.

요청이 아주 많은 시스템에서 모든 요청의 추적 데이터를 기록하는 것은 과도한 작업일 수 있습니다. 예제에서는 split_clients 모듈을 이용해 전체 요청의 10%에 대해서만 추적 데이터를 보내는 방법을 보여줬습니다. 더 나아가 특정한 헤더 값을 이용해 추적을 활성화하여 개발자가 특정한 요청들이 추적되도록 설정하는 방법도 살펴봤습니다. 이러한 옵션들을 OR 게이트의 동작을 구현할 수 있는 map 지시자와 함께 사용하면 두 가지 옵션이 모두 off인 경우에만 추적을 하지 않도록 설정할 수 있습니다.

함께 보기

- 엔진엑스 플러스 OTel 모듈 공식 문서: *https://oreil.ly/lPuBq*
- 엔진엑스 플러스 R29 버전(오픈텔레메트리 지원) 릴리스 문서: *https://oreil.ly/L10Rt*
- 오픈텔레메트리 공식 문서: *https://oreil.ly/WZCV9*
- 엔진엑스 오픈텔레메트리 프로젝트 깃허브: *https://oreil.ly/Yy5Zq*
- split_clients 모듈 공식 문서: *https://oreil.ly/YitHX*
- 엔진엑스 플러스 API 모듈 공식 문서: *https://oreil.ly/eVVkK*
- 엔진엑스 플러스 키-값 모듈 공식 문서: *https://oreil.ly/CK3F5*
- 오픈 소스 엔진엑스 오픈텔레메트리 모듈: *https://oreil.ly/7lbp1*

13.5 프로메테우스 익스포터 모듈

문제 프로메테우스Prometheus로 모니터링되는 환경에 엔진엑스를 배포하고 엔진엑스 통계를 확인하기

해결 엔진엑스 프로메테우스 익스포터를 사용해 엔진엑스 통계 정보를 수집하고 프로메테우스로 전달합니다.

프로메테우스 익스포터 모듈은 Go 언어로 만들어졌습니다. 깃허브[2]를 통해 바이너리 형태로

2 *https://oreil.ly/TmUEo*

배포되거나 도커 허브[3]를 통해 미리 빌드된 형태의 컨테이너 이미지로 사용될 수 있습니다.

익스포터는 기본적으로 엔진엑스를 위해 실행되고 stub_status 정보를 수집합니다. 오픈 소스 엔진엑스용으로 익스포터를 실행하려면 먼저 stub_status가 활성화됐는지 확인합니다. 활성화되지 않았으면 **13.1 '엔진엑스의 스텁 상태 활성화하기'**를 참조해 활성화한 뒤 다음 도커 명령을 실행합니다.

```
$ docker run -p 9113:9113 nginx/nginx-prometheus-exporter:0.8.0 \
  -nginx.scrape-uri http://{nginxEndpoint}:8080/stub_status
```

엔진엑스 플러스에서 익스포터를 사용하려면 도커 명령에 -nginx.plus 플래그를 추가해 익스포터의 컨텍스트를 바꿔야 하며, 이를 통해 엔진엑스 플러스 API가 제공하는 더 많은 데이터를 수집할 수 있습니다. 엔진엑스 플러스 API를 켜는 방법은 **13.2 '모니터링 대시보드 활성화하기'**에서 다뤘습니다. 다음 도커 명령을 사용해 엔진엑스 플러스 환경에서 익스포터를 실행합니다.

```
docker run -p 9113:9113 nginx/nginx-prometheus-exporter:0.8.0 \
  -nginx.plus -nginx.scrape-uri http://{nginxPlusEndpoint}:8080/api
```

논의 프로메테우스는 널리 사용되는 지표 모니터링 솔루션으로, 쿠버네티스 생태계에서도 매우 많이 사용됩니다. 엔진엑스 프로메테우스 익스포터 모듈은 상당히 간단한 컴포넌트이지만 일반적인 모니터링 플랫폼에서 엔진엑스를 모니터링할 수 있도록 미리 준비된 기능을 제공합니다. 엔진엑스에서 stub_status는 많은 데이터를 제공하지는 않지만 엔진엑스 노드가 처리하고 있는 요청의 양에 대한 인사이트를 비롯해 중요한 데이터를 제공합니다. 엔진엑스 플러스 API는 엔진엑스 플러스 서버에 대한 더 많은 통계를 제공하고, 이 데이터는 프로메테우스로 전달됩니다. 두 경우 모두 가치 있는 모니터링 데이터가 수집되며 이를 프로메테우스로 전달하기 위한 준비는 이미 끝났습니다. 단순히 두 컴포넌트를 연결하고 엔진엑스 통계가 주는 인사이트를 활용하면 됩니다.

함께 보기

- 엔진엑스 프로메테우스 익스포터 깃허브 저장소: *https://oreil.ly/WaUDA*

3 *https://oreil.ly/mC_i9*

- 엔진엑스 stub_status 모듈 공식 문서: *https://oreil.ly/vtP6k*
- 엔진엑스 플러스 API 모듈 공식 문서: *https://oreil.ly/K6Rif*
- 엔진엑스 플러스 모니터링 대시보드 소개: *https://oreil.ly/55IGt*

CHAPTER 14

디버깅과 트러블슈팅

14.0 소개

로깅logging은 애플리케이션의 동작을 이해하기 위한 시작점입니다. 엔진엑스를 활용해 애플리케이션과 여러분에게 의미 있는 로그를 남길 수 있습니다. 서로 다른 서비스 환경에 맞춰 접근 로그를 여러 파일로 나누거나 다른 형식으로 로그를 남길 수 있으며, 무슨 일이 일어나는지 파악하기 쉽도록 오류 로그에 대한 로그 레벨을 바꿀 수 있습니다. 중앙화된 로그 수집 시스템으로 로그를 전달하는 기능은 엔진엑스의 시스로그Syslog 기능을 이용합니다. 이 장에서는 접근 로그와 오류 로그를 남기는 방법과 시스로그 프로토콜을 통해 로그를 전달하는 방법을 살펴봅니다. 그리고 엔진엑스를 활용해 개별 요청에 식별자를 부여하고 엔드투엔드로 분석하는 방법을 알아봅니다.

14.1 접근 로그 설정하기

문제 접근 로그에 내장 변숫값 추가하기

해결 접근 로그 형식을 다음과 같이 설정합니다.

```
http {
    log_format geoproxy
```

```
                    '[$time_local] $remote_addr '
                    '$realip_remote_addr $remote_user '
                    '$proxy_protocol_server_addr $proxy_protocol_server_port '
                    '$request_method $server_protocol '
                    '$scheme $server_name $uri $status '
                    '$request_time $body_bytes_sent '
                    '$geoip_city_country_code3 $geoip_region '
                    '"$geoip_city" $http_x_forwarded_for '
                    '$upstream_status $upstream_response_time '
                    '"$http_referer" "$http_user_agent"';
    # ...
}
```

이 로그 형식 설정은 이름이 geoproxy이며 엔진엑스의 강력한 로깅 기능을 보이고자 여러 개의 내장 변수를 로그에 남기고 있습니다. $time_local로 서버가 요청을 받은 시점의 로컬 시간을 남기고, $remote_user로 연결 맺은 IP 주소를 확인하며, geoip_proxy나 realip_header가 식별한 값을 가진 $realip_remote_addr를 이용해 실제 클라이언트의 IP 주소 정보를 엔진엑스의 로그로 남깁니다. GeoIP 모듈은 엔진엑스의 기본 모듈이 아닙니다. 따라서 소스를 컴파일할 때 GeoIP 모듈을 포함하도록 옵션을 지정해야 합니다. 3.2절에서 이야기한 GeoIP 모듈 설치 관련 내용을 참조하기 바랍니다.

$proxy_protocol_server_로 시작하는 변수들은 proxy_protocol 매개변수가 server 컨텍스트의 수신 설정에서 사용됐을 때 프록시 프로토콜 헤더로부터 획득한 정보를 담고 있습니다. HTTP, HTTPS와 같은 스킴scheme과 요청 메서드, 프로토콜을 로그에 남기며, 기본 인증을 사용한다면 $remote_user 변수로 인증에 사용된 사용자명을 확인할 수 있습니다. $server_name 값을 로그에 남겨 사용자 요청이 엔진엑스 설정의 어떤 server name 분기를 통해 처리됐는지 알 수 있으며, URI와 응답 코드도 각각에 대한 변수를 이용할 수 있습니다.

요청 처리 시간은 밀리초 단위로 기록되며 클라이언트에 응답한 응답 바디의 크기도 로그에 기록됩니다. 사용자 IP에 대한 국가, 지역, 도시 정보는 $geoip_로 시작하는 변수로 확인합니다. X-Forwarded-For 헤더값이 저장된 $http_x_forwarded_for 변수를 로그에 남겨 사용자 요청이 프록시를 경유한 요청인지 확인합니다. upstream 모듈을 사용하는 경우 업스트림 서버의 응답 코드나 응답을 받기까지 걸린 시간을 확인하는 몇몇 내장 변수가 활성화됩니다. 마지막으로 $http_referer와 $http_user_agent 변수를 사용해 클라이언트가 사용한 브라우저 정보를 확인하고 어느 웹사이트를 통해 요청을 보냈는지 확인합니다.

이스케이프escape 문자열 처리를 위해 escape 매개변수를 사용하며 변수에 담긴 문자열이 문제없이 처리되도록 매개변수에 default, json, none 값을 지정할 수 있습니다. none은 이스케이프 문자열 처리를 비활성화하며 default는 큰따옴표("), 역슬래시(\) 및 아스키코드 기준으로 32보다 작거나 126보다 큰 문자를 '\Xxx' 형태로 이스케이프 처리합니다.[1] 이스케이프 문자열 처리에 대한 매개변수를 지정하지 않으면 하이픈(-)을 사용합니다. json 이스케이핑을 지정하면 JSON 규격에서 사용할 수 없는 문자는 모두 이스케이프 처리됩니다. 예를 들어, 큰따옴표는 \"로, 역슬래시는 \\로 처리되며 아스키코드 기준으로 32보다 작은 값은 \n, \r, \t, \b, \f로 처리되거나 \u00XX로 바뀝니다.

다음 샘플 로그 라인을 통해 로그가 어떤 식으로 렌더링되는지 살펴봅시다.

```
[25/Nov/2016:16:20:42 +0000] 10.0.1.16 192.168.0.122 Derek
GET HTTP/1.1 http www.example.com / 200 0.001 370 USA MI
"Ann Arbor" - 200 0.001 "-" "curl/7.47.0"
```

이렇게 만든 로그 형식을 사용하기 위해 access_log 지시자로 로그 파일 생성 경로를 지정하고 사용할 로그 형식 이름으로 geoproxy를 매개변수로 지정합니다. 이 매개변수는 앞서 정의했던 geoproxy라는 로그 형식을 사용하도록 합니다.

```
server {
        access_log /var/log/nginx/access.log geoproxy;
        # ...
}
```

access_log 지시자는 로그 파일의 경로와 형식을 매개변수로 사용합니다. 이 지시자는 여러 컨텍스트에서 사용 가능한데, 각 컨텍스트에서 서로 다른 경로에 로그 파일을 만들 수 있으며 서로 다른 형식을 지정할 수 있습니다. 그리고 buffer, flush, gzip 매개변수를 사용해 수집된 로그를 언제 로그 파일에 기록할지와 로그 파일을 gzip으로 압축할지를 결정합니다. 필요시 if 매개변수를 사용해 로그 기록 조건을 지정합니다. if 조건문에 0이나 빈 문자열이 들어오면 로그를 남기지 않습니다. if 매개변수는 if 블록과 다릅니다. 헷갈리지 않도록 주의하기 바랍니다.

1 옮긴이_ 아스키코드에서 출력 가능한 문자는 32번부터 126번까지 위치합니다. 그 외의 범위에는 제어 문자가 위치하므로 문자 형태로 볼 수 없습니다. 아스키코드에 대한 자세한 내용은 *https://ko.wikipedia.org/wiki/ASCII*를 참고하기 바랍니다.

논의 엔진엑스의 로그 모듈은 다양한 시나리오에 적절한 로그 형식으로 로그 파일을 만듭니다. 다양한 컨텍스트를 사용하는 시나리오에서 각 모듈이 제공하는 내장 변수를 로그에 활용할 수 있도록 상황에 따라 다른 로그 형식을 사용하면 좋습니다. 로그는 적절한 형식을 엔진엑스 설정에 지정해 JSON이나 XML 형식으로 남길 수도 있습니다. 로그를 통해 트래픽 패턴을 이해하고 클라이언트가 누구이며 어디에 있는지 등 정보를 확인할 수 있습니다. 접근 로그는 특정 URI나 업스트림 서버의 문제와 응답 지연 등을 파악하는 데 유용하며, 실제 사용자의 사용 패턴을 확인하고 재현하는 데도 활용됩니다. 즉, 로그는 트러블슈팅, 디버깅, 애플리케이션과 서비스 분석에 무한한 활용 가능성이 있습니다.

14.2 오류 로그 설정하기

문제 엔진엑스 서버 문제를 파악하기 위해 오류 로깅 설정하기

해결 `error_log` 지시자로 오류 로그 파일의 경로와 로그 레벨을 정합니다.

```
error_log /var/log/nginx/error.log warn;
```

`error_log` 지시자의 매개변수 중 로그 파일의 경로는 필수지만, 로그 레벨은 옵션이며 기본값은 `error`입니다. `error_log`는 `if` 구문을 제외한 모든 컨텍스트에서 사용할 수 있습니다. 로그 레벨에 설정할 수 있는 값은 `debug`, `info`, `notice`, `warn`, `error`, `crit`, `alert`, `emerg` 등 여덟 가지이며 나열한 순서는 문제의 심각도 순입니다(오른쪽으로 갈수록 심각함). 단 `debug` 로그 레벨은 엔진엑스가 `--with-debug` 플래그를 사용해 실행됐을 때만 사용 가능합니다.[2]

논의 오류 로그는 엔진엑스 설정이 의도한 대로 동작하지 않을 때 가장 먼저 살펴봐야 하는 로그입니다. 특히 FastCGI와 같은 애플리케이션 서버에서 오류 발생 시 단서를 찾는 데 매우 유용한 정보입니다. 오류 로그를 통해 문제가 발생한 연결을 디버깅할 수 있으며 연결을 처리한 엔진엑스 워커, 메모리 할당 정보, 사용자 IP, 서버에 이르는 낮은 수준의 문제점 확인까지

2 옮긴이_ 일반적으로 debug 로그 레벨은 로그를 상당히 많이 남깁니다. 따라서 다른 로그 레벨로 이슈를 확인하기 어려울 때만 제한적으로 사용하는 편이 좋습니다.

할 수 있습니다. 오류 로그는 로그 형식 지정이 불가능합니다. 대신 특정 형식으로 된 날짜, 로그 레벨, 오류 메시지로 구성된 로그를 제공합니다.

14.3 로그를 시스로그로 전달하기

문제 중앙화된 저장소로 로그를 모으기 위해 엔진엑스 로그를 시스로그 리스너로 전달하기

해결 error_log 지시자와 access_log 지시자를 사용해 로그를 시스로그 리스너로 전달합니다.

```
error_log syslog:server=10.0.1.42 info;
access_log syslog:server=10.0.1.42,tag=nginx,severity=info geoproxy;
```

각 지시자에 사용된 syslog 매개변수는 몇 가지 옵션을 콜론으로 연결해 지정할 수 있습니다. IP 주소나 DNS 레코드명 혹은 유닉스 소켓 정보처럼 연결에 필요한 정보를 server 플래그로 지정할 수 있으며 facility, severity, tag, nohostname 같은 옵션 플래그도 사용 가능합니다. server 옵션에는 IP 주소나 DNS 레코드명과 함께 포트 번호를 지정할 수 있으며, 포트를 지정하지 않으면 UDP 프로토콜로 514 포트를 사용합니다.[3] facility 옵션은 RFC 표준에 정의된 시스로그의 23가지 퍼실리티facility 중 하나를 지정하는 데 사용하며 기본값은 23번째 값인 local7입니다.[4] tag 옵션을 사용해 로그 메시지를 식별하는 태그값을 설정할 수 있으며 기본값은 nginx입니다. severity 옵션은 로그의 심각도를 나타내는 데 사용하며 기본값은 info입니다. severity 역시 시스로그 규격의 severity 정의를 따릅니다. nohostname 플래그를 사용해 시스로그 메시지 헤더의 호스트명 필드를 쓰지 않도록 할 수 있으며 별도의 값을 지정하지 않고 플래그만으로 사용합니다.

논의 시스로그는 로그를 전송하는 표준 프로토콜이며 전송된 로그는 단일 서버 혹은 복수의 서버에 저장됩니다. 중앙화된 저장소나 서버로 로그를 전송하면 여러 대의 호스트에서 구동되

3 옮긴이_ 시스로그의 기본 프로토콜은 UDP이며 514 포트를 사용합니다.

4 옮긴이_ 시스로그의 퍼실리티는 로그를 발생시킨 시스템 혹은 서비스를 정의하는 항목입니다. 시스로그 규격에 대한 자세한 내용은 *https://tools.ietf.org/html/rfc5424*를 참고하기 바랍니다.

는 다수의 서비스 인스턴스를 사용하는 환경에서 디버깅을 쉽게 할 수 있습니다. 이 과정을 로그 집계aggregating logging라 부르기도 합니다. 로그 집계를 통해 각 서버를 돌아다니지 않고 여러 로그를 함께 볼 수 있으며 타임스탬프를 이용해 수집한 로그 파일을 쉽게 확인할 수 있습니다. 널리 알려진 로그 집계 시스템으로는 ELK(엘라스틱서치Elasticsearch, 로그스태시Logstash, 키바나Kibana) 스택이 있습니다. 엔진엑스는 access_log와 error_log 지시자를 사용해 로그를 시스로그 리스너로 쉽게 전달하도록 합니다.

14.4 설정 디버깅하기

문제 엔진엑스 서버가 예상치 못한 동작을 할 때 조치하기

해결 엔진엑스 설정을 디버깅하기 위해 다음 팁을 기억해 둡니다.

- 엔진엑스는 클라이언트 요청에 대해 세부 조건이 가장 일치하는 정책을 적용합니다. 따라서 설정을 구성하기 다소 어렵긴 하지만 엔진엑스는 이 방식으로 가장 효율적으로 동작합니다. 엔진엑스가 요청을 처리하는 방식은 이 절 '함께 보기'에 기재된 링크를 참조하기 바랍니다.
- 디버그 로그를 활성화합니다. 디버그 로그를 남기려면 엔진엑스 패키지가 --with-debug 플래그를 사용해 설정됐는지 확인합니다. 이 플래그는 각 운영체제의 패키지 관리자를 통해 다운로드한 엔진엑스에 대부분 포함돼 있지만, 직접 소스 코드를 빌드해 사용하거나 최소한의 패키지로 엔진엑스를 구성해 운영 중이라면 한 번 더 확인해야 합니다. 디버그 옵션이 활성화된 것을 확인했으면 error_log 지시자를 사용해 로그 레벨을 debug로 바꿉니다.

```
error_log /var/log/nginx/error.log debug
```

- 특정 연결에 대해서만 디버깅을 활성화합니다. debug_connection 지시자는 events 컨텍스트에서 사용할 수 있으며 매개변수는 IP 주소 혹은 CIDR 형식으로 된 IP 주소 범위입니다. 지시자를 여러 번 사용해 디버그 대상으로 여러 IP 주소나 CIDR 주소 범위를 지정할 수 있습니다. 이 방법은 운영 환경에서 모든 연결에 대해 디버깅할 때 발생하는 성능 저하를 피하고 문제 상황을 디버깅하는 데 도움이 됩니다.
- 특정 가상 서버에 대해서만 디버깅합니다. error_log 지시자는 http, mail, stream, server, location 컨텍스트 등에서 사용 가능하므로 필요에 따라 특정 컨텍스트에서만 디버깅을 활성화하도록 설정할 수 있습니다.

- 코어 덤프core dump[5]를 활성화하고 이 덤프로부터 백트레이스backtrace[6]를 확인합니다. 코어 덤프는 운영체제 수준에서 활성화하거나 엔진엑스 설정 파일을 통해 활성화할 수 있습니다. 코어 덤프에 대한 자세한 내용은 이 절 '함께 보기'에 기재된 '관리자를 위한 디버깅 가이드' 링크를 참고하기 바랍니다.
- rewrite 구문을 사용하면서 문제가 발생한 경우 rewrite_log 지시자를 사용해 재작성을 수행하는 동안 무슨 문제가 발생했는지 로그로 남겨 확인합니다.

```
rewrite_log on
```

논의 엔진엑스 플랫폼은 매우 거대하며 여러분은 설정을 통해 여러 가지 놀라운 일을 할 수 있습니다. 물론 강력한 만큼 제대로 사용하지 못하면 심각한 문제를 겪을 수 있습니다. 디버깅을 할 때는 엔진엑스 설정을 통해 어떻게 클라이언트 요청을 추적할지 알아야 합니다. 문제가 발생하면 원인 파악을 위해 디버그 로그 레벨 설정을 추가합니다. 디버그 로그는 상당히 많은 정보를 담고 있으며, 엔진엑스가 요청에 대해 무슨 일을 하고 여러분이 만든 설정에 어떤 문제가 있는지 알려주는 좋은 단서이므로 꼼꼼히 살펴봐야 합니다.

함께 보기

- 엔진엑스의 요청 처리 방법: *https://oreil.ly/gw9Vy*
- 관리자를 위한 디버깅 가이드: *https://oreil.ly/IfLMF*
- 엔진엑스 rewrite_log 모듈 공식 문서: *https://oreil.ly/VYumB*

14.5 요청 추적하기

문제 클라이언트 요청을 완전히 이해하기 위해 엔진엑스 로그와 애플리케이션 로그를 연관 지어 확인하기

해결 request 식별을 위한 변수를 설정하고 변숫값을 애플리케이션에 전달해 로그에 남기도록 합니다.

5 옮긴이_ 코어 덤프는 보통 메모리 덤프(memory dump)라고 부릅니다. 문제가 발생해 프로세스가 의도치 않게 종료되면 메모리의 상태를 파일 등의 형태로 남겨 어떤 문제가 발생했는지 확인하는 데 사용합니다.

6 옮긴이_ 백트레이스란 시스템에서 문제가 발생했을 때 오류 시점으로부터 역으로 호출된 코드를 거슬러 올라가면서 문제의 근본 원인을 확인하는 일을 말합니다. 스택 트레이스(stack trace)라고 부르기도 합니다.

```
log_format trace '$remote_addr - $remote_user [$time_local] '
                 '"$request" $status $body_bytes_sent '
                 '"$http_referer" "$http_user_agent" '
                 '"$http_x_forwarded_for" $request_id';

upstream backend {
      server 10.0.0.42;
}

server {
      listen 80;
      # 클라이언트 요청에 대한 응답 헤더에 X-Request-ID를 추가합니다.
      add_header X-Request-ID $request_id;
      location / {
            proxy_pass http://backend;
            # 업스트림 서버의 애플리케이션으로 X-Request-ID를 전달합니다.
            proxy_set_header X-Request-ID $request_id;
            access_log /var/log/nginx/access_trace.log trace;
      }
}
```

예시 설정은 trace라는 log_format을 정의합니다. 로그에 $request_id 변숫값을 남기도록 포맷을 정의하며, 이 변숫값은 proxy_set_header 지시자를 통해 X-Request-ID 헤더값으로 지정되고 요청을 업스트림 애플리케이션으로 보낼 때 전달됩니다. $request_id 값은 클라이언트로 응답을 보낼 때도 add_header 지시자를 이용해 X-Request-ID 응답 헤더값으로 전달됩니다.

논의 $request_id 변수는 엔진엑스 플러스 R10 버전과 오픈 소스 엔진엑스 1.11.0 버전부터 제공됩니다. 변수에는 임의로 생성된 32바이트 16진수 값이 할당되며, 이 값은 각 요청을 나타내는 고윳값으로 사용할 수 있습니다. 값을 클라이언트와 애플리케이션에 전달함으로써 서비스를 구성하는 여러 요소가 남기는 로그에 공통 식별자로 사용할 수 있습니다. 클라이언트 입장에서는 고유한 식별 문자열을 응답 헤더를 통해 받게 되고, 요청과 관련된 로그 탐색 시 이 값을 사용합니다. 요청 전반에 걸친 로그들의 관계를 찾으려면 애플리케이션이 요청 헤더에서 이 값을 찾아 로그에 기록하도록 합니다. 결과적으로 이 엔진엑스 기능을 통해 애플리케이션의 전체 스택에 걸쳐 요청을 추적할 수 있습니다.

함께 보기

- 13.4 '엔진엑스를 위한 오픈텔레메트리'

CHAPTER 15

성능 튜닝

15.0 소개

엔진엑스 튜닝tuning은 여러분을 예술가로 만들어줍니다. 서버나 애플리케이션의 성능 튜닝은 서버 환경, 사용 방식, 요구사항, 물리적인 요소에 이르기까지 다양한 요소의 영향을 받습니다. 반복적인 시험을 통해 병목 지점을 찾아내는 튜닝은 널리 사용됩니다. 서버 시스템에 병목이 생길 때까지 시험을 수행하고, 어떤 병목이 생기는지 정의하고, 시스템의 제한을 조정한 뒤 다시 시험을 반복하면서 원하는 성능 요구사항에 도달할 때까지 튜닝합니다. 이 장에서는 자동화 도구를 사용해 시험을 수행하고 결과를 측정해 성능을 튜닝하는 방법을 살펴봅니다. 그리고 클라이언트 및 업스트림 서버와의 연결을 유지함으로써 새로 연결하는 과정에서 발생하는 성능 저하 요소를 제거하고 운영체제가 제공하는 연결과 관련한 항목을 튜닝하는 방법을 다룹니다.

15.1 로드 드라이버로 시험 자동화하기

문제 시험의 일관성과 반복성을 확보하기 위해 로드 드라이버를 사용하고 시험을 자동화하기

해결 아파치의 로드 드라이버인 제이미터JMeter, 로커스트Locust, 개틀링Gatling 혹은 팀에서 사용 중인 HTTP 부하 시험 도구를 사용합니다. 대상 웹 애플리케이션을 꼼꼼히 시험할 수 있도록

부하 시험 도구를 위한 설정을 만듭니다. 그리고 서비스에 시험을 수행한 뒤 시험에서 수집한 지표를 검토해 필요한 성능 기준을 정합니다. 천천히 동시 접속자를 늘려가면서 실제 서비스 환경의 사용 패턴과 흡사한 부하를 에뮬레이션하고 개선이 필요한 부분을 확인합니다. 원하는 결과를 얻을 때까지 엔진엑스 설정을 튜닝하고 시험 절차를 반복합니다.

논의 자동화된 시험 도구를 사용해 성능 시험을 정의하면 일관성 있는 시험을 수행할 수 있습니다. 이 시험을 통해 엔진엑스 튜닝에 사용할 지표를 만듭니다. 시험은 반복 가능해야 하며 성능 이득이나 손실을 측정할 수 있어야 합니다. 따라서 엔진엑스 설정을 변경하기 전에 동일한 시험을 수행함으로써 엔진엑스 설정 변경이 성능을 개선하는지 혹은 저하시키는지 확인할 성능의 기준점을 만듭니다. 각 변경이 성능에 미치는 영향을 측정하면 성능이 어느 지점에서 향상하는지 파악하는 데 도움이 됩니다.

15.2 브라우저 캐시 제어

문제 사용자 환경에 콘텐츠를 캐시해 성능 높이기

해결 사용자 환경에서 유효한 Cache-Control 헤더를 사용합니다.

```
location ~* \.(css|js)$ {
      expires 1y;
      add_header Cache-Control "public";
}
```

이 location 블록은 사용자가 CSS와 자바스크립트 파일을 캐시하도록 명시합니다. expires 지시자는 사용자 환경에 캐시된 콘텐츠가 1년이 지나면 더는 유효하지 않도록 지정합니다. add_header 지시자는 HTTP 응답에 Cache-Control 헤더를 추가하며 값을 public으로 지정해 사용자에게 콘텐츠가 전달되는 중간에 위치한 어떤 캐시 서버라도 리소스를 캐시할 수 있도록 합니다. 헤더값을 private으로 지정하면 실제 사용자 환경에만 리소스를 캐시합니다.

논의 캐시 성능은 많은 요소에 좌우되며 특히 하드디스크의 입출력I/O 속도에 크게 좌우됩니다. 엔진엑스에는 캐시 성능을 높이는 데 도움을 주는 다양한 설정값이 있습니다. 대표적인 방

법은 사용자 환경에 콘텐츠를 캐시하도록 응답 헤더를 내려주고 이후의 요청은 엔진엑스로 보내지 않고 로컬 환경에 캐시된 콘텐츠를 만료 전까지 사용하는 방법입니다.

15.3 클라이언트와의 연결 유지하기

문제 클라이언트와 맺은 단일 연결을 통해 받을 수 있는 요청 수를 늘리고 유휴 연결이 유지되는 시간을 증가시키기

해결 keepalive_requests와 keepalive_timeout 지시자를 사용해 단일 연결이 허용하는 요청 수를 늘리고 유휴 연결이 유지되는 시간을 제어합니다.

```
http {
        keepalive_requests 320;
        keepalive_timeout 300s;
        # ...
}
```

keepalive_requests 지시자의 기본값은 100이며 keepalive_timeout 지시자의 기본값은 75초입니다.

논의 단일 연결이 소화할 수 있는 요청 수의 기본 설정값은 일반적으로 클라이언트의 요구사항에 부합합니다. 근래에 출시된 브라우저들은 FQDN별로 단일 서버에 대해 연결을 여러 개 맺도록 허용하기 때문입니다. 하지만 특정 도메인에 대한 동시 연결 수는 보통 10개 이하로 제한되며, 따라서 단일 연결에 많은 요청이 전달되는 상황이 발생합니다. 제한을 극복하기 위해 HTTP 1.1에서는 CDN과 같은 별도 네트워크를 활용해 동일한 원본 서버로 요청을 보내는 여러 개의 도메인을 생성합니다. 브라우저는 여러 도메인을 통해 다수의 연결을 만들고 동시에 더 많은 요청을 보냅니다. 이러한 최적화 방식은 프런트엔드 애플리케이션이 지속적으로 백엔드 애플리케이션으로 요청을 보내고 업데이트를 받는 구조에서 무척 유용합니다. 이미 생성된 연결이 많은 요청을 처리할 수 있고 오랫동안 유지되므로 연결 수를 필요한 요청 수만큼 늘리지 않아도 됩니다.

15.4 업스트림 서버와의 연결 유지하기

문제 성능을 끌어올리기 위해 업스트림 서버와 연결된 설정을 유지하기

해결 업스트림 컨텍스트에 keepalive 지시자를 사용해 업스트림 서버와 이미 맺어진 연결이 재사용되도록 합니다.

```
proxy_http_version 1.1;
proxy_set_header Connection "";

upstream backend {
        server 10.0.0.42;
        server 10.0.2.56;
        keepalive 32;
}
```

업스트림 컨텍스트에서 keepalive 지시자를 사용해 각 엔진엑스 워커가 업스트림 서버와 맺은 연결을 캐시하도록 합니다. keepalive는 워커 프로세스별로 유휴 연결을 최대 몇 개까지 유지할지 지정하며, keepalive가 업스트림 서버와 연결을 유지하게 하려면 예시에서 사용한 프록시 모듈 지시자들을 반드시 사용해야 합니다. proxy_http_version 지시자는 프록시 모듈이 HTTP 1.1 버전을 사용하게 함으로써, 맺어진 연결을 통해 다수의 요청이 처리되도록 해 줍니다. proxy_set_header 지시자는 프록시 모듈이 Connection 헤더의 기본값인 close를 지우고 연결이 계속 열려 있도록 합니다.

논의 업스트림 서버와 맺은 연결을 유지하면 연결 과정에 소요되는 시간이 절약되며 워커 프로세스가 유휴 연결을 활용할 수 있습니다. 유의할 점은 keepalive 지시자에 지정된 연결 수와 실제 맺어진 연결 수가 다를 수 있다는 점입니다. 유휴 연결 수와 맺어진 연결 수는 같은 개념이 아닙니다. keepalive 연결 수는 서비스 부하 수준에 맞춰 충분히 작게 유지돼야 합니다. 그렇지 않으면 업스트림 서버로 향하는 다른 연결 요청이 실패할 수 있습니다. 이처럼 간단한 엔진엑스 튜닝 팁을 활용해 연결을 다룰 때 발생하는 반복 작업을 줄이고 서버 성능을 개선할 수 있습니다.

15.5 응답 버퍼링

문제 업스트림 서버의 응답이 임시 파일에 기록되지 않도록 응답을 메모리상에 버퍼링buffering하기

해결 프록시 버퍼 설정을 변경해 엔진엑스가 메모리에 업스트림 서버의 응답을 저장하도록 합니다.

```
server {
        proxy_buffering on;
        proxy_buffer_size 8k;
        proxy_buffers 8 32k;
        proxy_busy_buffers_size 64k;
        # ...
}
```

proxy_buffering 지시자는 on 또는 off 값으로 설정하며 기본값은 on입니다. proxy_buffer_size 지시자는 업스트림 서버 응답의 앞부분인 헤더 정보를 저장할 버퍼의 크기를 지정하며 기본값은 플랫폼에 따라 4킬로바이트 또는 8킬로바이트로 설정됩니다.[1] proxy_buffers 지시자는 매개변수로 버퍼 개수와 버퍼 크기를 지정합니다. 기본적으로는 버퍼를 8개 사용하며 버퍼 크기는 플랫폼에 따라 4k 혹은 8k입니다. 엔진엑스는 클라이언트의 요청에 빠르게 반응하기 위해 업스트림 서버의 응답을 완전히 수신하지 않았더라도 클라이언트로 응답을 시작합니다. proxy_busy_buffers_size 지시자는 이를 위해 사용 가능한 버퍼 크기의 상한선을 정하며 기본값은 단일 proxy_buffers나 proxy_buffer_size에 지정된 값의 두 배입니다. proxy_buffering이 비활성화됐다면, 최초 사용자의 요청이 전달된 업스트림 서버가 오류 응답을 할 때 다른 업스트림 서버로 요청을 재전송하지 못하게 됩니다. 응답을 버퍼에 저장하지 않고 이미 사용자에게 전달하기 시작했기 때문입니다.

논의 응답 바디 크기에 따라 차이는 있지만 프록시 버퍼를 사용하면 엔진엑스 프록시의 성능이 크게 향상됩니다. 관련 설정 튜닝으로 인해 부작용이 발생할 수 있으므로 평균 응답 바디 크기와 성능을 고려해야 하며 반복 시험을 통해 적절한 값을 찾아야 합니다. 버퍼 용량을 불필요하게 크게 할당하면 엔진엑스가 동작할 때 필요한 서버의 메모리 자원을 많이 점유하게 됩니

1 옮긴이_ 엔진엑스 설정에서는 4k, 8k 등으로 표기합니다.

다. 따라서 버퍼 관련 설정은 업스트림 서버의 응답 특성이 파악된 특정 location 블록 단위로 사용해 최적의 성능을 발휘하도록 해야 합니다.

함께 보기

- 엔진엑스 proxy_request_buffering 모듈 공식 문서: *https://oreil.ly/zL1LK*

15.6 접근 로그 버퍼링

문제 접근 로그를 버퍼링해 시스템 부하가 높을 때 엔진엑스 워커 프로세스의 작업이 지연되거나 차단되지 않도록 하기

해결 접근 로그를 저장할 버퍼 크기와 버퍼 플러시flush 시간을 설정합니다.

```
http {
        access_log /var/log/nginx/access.log main buffer=32k flush=1m gzip=1;
}
```

access_log 지시자의 buffer 매개변수는 로그를 디스크에 기록하기 전에 쌓아둘 수 있는 메모리 버퍼의 크기를 나타내며 flush 매개변수는 메모리 버퍼에 쌓인 로그가 디스크에 기록되기 전까지 기다릴 수 있는 최대 시간을 나타냅니다. 로그를 압축해 저장하려면 gzip 매개변수를 사용해 압축률에 따라 레벨 1부터 레벨 9까지 지정합니다. 레벨 1은 속도가 가장 빠르지만 압축률이 낮으며 레벨 9는 압축 효율이 가장 좋지만 속도가 느립니다.

논의 로그 데이터를 메모리에 버퍼링하는 작업은 최적화를 향한 작은 첫걸음입니다. 사용자 요청이 아주 많은 사이트나 애플리케이션에 적용하면 디스크와 CPU 사용률에 상당히 의미 있는 변화를 줍니다. access_log 지시자에 buffer 매개변수를 사용하면 처리할 로그가 버퍼에 저장하기에 적당한지 살펴본 후 필요시 버퍼에 저장하지 않고 디스크에 바로 기록합니다. buffer 매개변수와 flush 매개변수를 함께 사용하면 로그를 flush에 지정한 시간만큼 메모리에 보관한 뒤 디스크에 기록합니다. 버퍼링을 활성화한 상태로 디스크의 로그 파일을 따라가보면 flush 매개변수에 지정한 시간만큼 로그의 쓰기 작업이 지연됨을 쉽게 확인할 수 있습니다.

15.7 운영체제 튜닝

문제 스파이크성 부하가 발생하거나 대량의 트래픽이 유입되는 사이트를 운영하기 위해 운영체제가 더 많은 연결을 맺도록 튜닝하기

해결 커널 설정 중 `net.core.somaxconn` 값을 확인합니다. 이 값은 엔진엑스가 요청을 처리하도록 커널이 큐잉queuing할 수 있는 최대 연결 수를 나타냅니다. 512보다 큰 값으로 지정한다면 엔진엑스 설정의 `listen` 지시자의 `backlog` 매개변수가 같은 값을 갖도록 설정해야 합니다. `net.core.somaxconn` 값을 설정해야 하는 시점은 커널이 커널 로그에 명시적으로 값을 설정하라고 메시지를 남길 때입니다. 엔진엑스는 연결을 매우 빠르게 처리하므로 보통은 값을 조정할 필요가 없습니다.

시스템 성능 튜닝 시 파일 디스크립터file descriptor의 수를 늘리는 방법을 널리 사용합니다. 리눅스 환경에서 파일 핸들handle은 새로운 연결이 생성될 때마다 열리며, 따라서 엔진엑스를 프록시나 로드 밸런서로 사용하는 경우 클라이언트와 업스트림으로 각각 연결을 맺으므로 파일 핸들도 두 개가 열립니다. 대량의 연결을 처리하기 위해 커널의 `sys.fs.file_max` 옵션을 조정해 시스템의 파일 디스크립터 수를 충분히 늘리거나, 엔진엑스가 시스템 사용자를 통해 실행되는 경우 `/etc/security/limits.conf` 파일의 내용을 조정할 수 있습니다. 이렇게 시스템 설정을 변경하면서 엔진엑스 설정의 `worker_connections`와 `worker_rlimit_nofile` 지시자의 매개변수도 커널 설정 변경에 맞춰 늘려둡니다.

마지막으로 더 많은 연결을 처리할 수 있도록 임시ephemeral 포트를 활성화합니다. 엔진엑스가 리버스 프록시나 로드 밸런서로 동작하면 모든 업스트림 연결은 응답 트래픽을 받기 위해 임시 포트를 열게 됩니다. 이때 필요한 임시 포트의 최대 개수는 시스템 설정에 따라 충분하지 못할 수도 있습니다. 최대 개수를 확인하려면 커널 설정 중 `net.ipv4.ip_local_port_range` 값을 살펴봅니다. 이 설정은 최솟값과 최댓값이 있으며 일반적으로 1024에서 65535까지 설정하면 문제없습니다. 1024는 잘 알려진 것처럼 TCP 포트 번호가 끝나는 지점이고 65535는 동적 포트나 임시 포트를 할당할 수 있는 마지막 번호입니다. 다만 포트 설정의 최솟값은 엔진엑스가 수신하는 포트 번호보다 커야 한다는 점을 주의합시다.

논의 운영체제 튜닝은 많은 연결을 수용하기 위한 시스템 튜닝 시 우선적으로 살펴볼 영역입니다. 사용 방식에 따라 시스템 커널에서 다양한 최적화를 수행할 수 있습니다. 하지만 커널 튜

닝은 기분에 따라 하는 것이 아니며 변경한 값이 성능을 충분히 향상하는지 측정하고 도움이 되는지 판단해야 합니다. 앞서 이야기했듯 커널 튜닝을 시작하는 시점은 커널 로그 메시지에서 커널 설정값 조정이 필요하다는 메시지를 발견하거나 엔진엑스 오류 로그에서 명시적으로 관련 내용이 언급될 때임을 기억하기 바랍니다.

INDEX